Ralf Grabuschnig

Unterwegs zwischen Grenzen

Europas Minderheiten
im Schwitzkasten der Nationen

Ralf Grabuschnig
Unterwegs zwischen Grenzen
Europas Minderheiten im Schwitzkasten der Nationen

© 2023 Ralf Grabuschnig
Herstellung und Verlag: BoD – Books on Demand, Norderstedt
ISBN: 9 783756 885909

Umschlaggestaltung: Buch&media GmbH München

Alle Rechte vorbehalten

www.ralfgrabuschnig.com

Inhalt

Zeit für eine Reise 9

Eine vertraute Fremde 18
    Von Mehrheit zu Minderheit 27
    Die große deutsche Wanderung 32
    Mit Sprache erinnern 40

Die sächsischsprechenden Niemands 48
    Glück in der Ferne 58
    Ab hinter die Wälder 62
    Was bleibt ist Björn 76

Ein Volk ohne Sprache ist kein Volk 85
    Ein Fremder unter Fremden? 90
    Die Ruhe während des Sturms 103

Ein diverses Österreich 112
    Urlaub in der Heimat 126

Und so haben sie sich assimiliert 131

Was bleibt am Ende der Reise? 147

Übrigens: Du kannst meine Reisen für dieses Buch auch in Fotos und Videos mitverfolgen! Ich habe über 50 davon für die Empfänger und Empfängerinnen meines Newsletters zusammengestellt.

Melde dich einfach unter ralfgrabuschnig.com/newsletter an und du bekommst sofort den Link. Natürlich ist der Newsletter kostenlos und mit einem Klick stornierbar.

Danksagungen

Mein ganz großer Dank geht an all diejenigen, die mich während meiner Reisen unterstützt und ihre Einblicke mit mir geteilt haben – an Julian Nyča, Paul Gensthaler, Hans Peter Schuster, Paul Dorner, Heidi Schleich, Marco Buckovez, Mano Trapp, Manuel Duda, Michael Schneider, Konstantin Vlasich und David Ressmann.

Für ihre Hilfe als Probeleser und Probeleserinnen danke ich vor allem Yvonne Wiegand und Claudia Grabuschnig sowie Julian Nyča, Tina Oschmann, Konrad Gündisch, Heidi Schleich, Stephan Paulsen, Tanja Paulsen, Sabine Otten, Michael Schreiber und Sarah Hörtkorn. Zusätzlich möchte ich all meinen großartigen Kollegen und Kolleginnen danken, die mich für die Bewerbung des Crowdfundings zu sich eingeladen haben: Alexa und Alexander Waschkau, Franziska Singer, Elias Harth, Daniel Siebiesiuk, Jonas Hopf, Katrin Stupp, Danijel Majić und Steffen Przybylowicz.

Dieses Buch wäre darüber hinaus kaum lesbar, gäbe es da nicht Katrin Stupp, die mich erneut als Lektorin unterstützt hat. Den Satz verdanke ich Hans Peter Schuster.

Schlussendlich danke ich ganz herzlich Anke Müsken, Markus Wiatr, Tom Illbruck, Patricia Magnin, Dejan Trandafirović, Bettina Rinderknecht, Susanne Beer, Bruno Hossmann, Immanuel Drißner, Tabea Stegmiller, Ivana Connert, Felix Göhler, Anne Steinhäuser, Lars Naber, Sebastian Nawka, Jonas Funke, Sabine Weniger, Gertrude Sereinig, T. Kalz, Davor Frkat, Natascha Sereinig, Niko Buhle, David Adler, Nebojša Martinović, Ivan Ćurković, Roman Viertler, Frank Neuhaus, Christoph Winter, Martin Schrader, Martin Wolff, Stephan Paulsen, Beate Hebst, Sabine Schuck, Bernhard Goodwin, Thorsten Eisenacker, Mathias Schmidt, Roland Wolters, Helga Zankel, Stefan Rauch, Matthias Bart, Daniel

Götz, Miriam Grabuschnig, David Skorzinski, Thomas Baur, Tina Oschmann und Benjamin Stögmann.

Zeit für eine Reise

In meiner Familie gibt es ein Geheimnis. Ach, was sage ich. Nicht nur in meiner Familie. Dieses Geheimnis teilen im Dorf meiner Großeltern so gut wie alle Familien, genauso wie in den Dörfern das Tal hinauf und hinunter. So betrachtet ist das Wort Geheimnis fast zu groß gegriffen. Wie auch immer: Als ich im Kärnten der Neunzigerjahre aufgewachsen bin, hätte diese Sache genauso gut ein Geheimnis sein können. Ich habe nichts davon gehört. Ich habe nichts davon gesehen. Ich habe nichts davon gewusst.

Das Thema kommt nur sporadisch in alten Familiengeschichten zum Vorschein. Wenn meine Tante etwa davon erzählt, dass meine Großeltern hin und wieder in eine den Kindern unverständliche Sprache verfallen sind, sobald diese etwas nicht verstehen sollten. Ich habe mir bei diesen Geschichten nie etwas gedacht. Ich selbst habe diese Sprache in meiner Zeit als Kind vor allem nie gehört. Oder zumindest kann ich mich nicht daran erinnern.

Diese Sprache – dieses Geheimnis – ist das Slowenische. Im Dorf meiner Großeltern haben es noch vor wenigen Generationen so gut wie alle gesprochen. Heute nennen sie das Dorf Ratnitz. Früher ist es mal Ratenče genannt worden: von meiner eigenen Familie, von den Nachbarn, in den Dörfern das Tal hinauf und hinunter. Denn diese gesamte Gegend im Süden des österreichischen Bundeslandes Kärnten ist seit Jahrhunderten slowenischsprachig gewesen und auch wenn ein schleichender Prozess der Germanisierung die Sprachgrenze bereits weit in den Süden verschoben hat: Ganz erreicht hat sie die Gegend um Ratenče doch erst vor wenigen Generationen.

Bei näherer Betrachtung überrascht es trotz allem kaum, dass so selten über diese Geschichte gesprochen wird. Immerhin versteckt sich in meiner Familiengeschichte ein viel größerer Prozess, der sich in ganz Kärnten – Koroška – in fast identischer Form abgespielt hat. Es ist eine Geschichte der Gewalt, der Unterdrückung, Diskriminierung, ja zum Teil sogar der aktiven Vertreibung. Vor allem ist es aber eine Geschichte der schleichenden, hartnäckigen und unnachgiebigen Assimilation. Eine Geschichte des Lebens in einem gesellschaftlichen Klima, in dem es für Tausende von Menschen irgendwann eben „einfacher" war, Deutsch zu sprechen anstatt ihre Muttersprache Slowenisch. In der Öffentlichkeit, im Beruf und letztendlich sogar in der Familie.

Nur so erklärt sich die eigentlich unerklärbare Tatsache, dass noch vor hundert Jahren ein Drittel der Kärntner Bevölkerung Slowenisch als Muttersprache angegeben hat – nicht nur in unserer Gegend, im äußersten Süden des Landes, sondern noch weit darüber hinaus. Nur so ist zu erklären, dass heute vielleicht noch ein paar Zehntausend davon übrig sind. Wenn es denn überhaupt so viele sind. Um in Ratenče noch Slowenisch zu hören, muss man inzwischen ziemlich genau wissen, wo man hinhören muss. In den Nachbardörfern Loče und Pogorje ist es ähnlich. Ein paar Kilometer weiter westlich im Gailtal ist die Sprache inzwischen fast gänzlich ausgestorben und auch in die andere Richtung im Rosental schaut die Lage nicht gerade – entschuldige bitte – rosig aus.

Als Kind und Jugendlicher wusste ich davon wie gesagt kaum etwas. Und ganz ehrlich: Es wäre mir auch herzlich egal gewesen. Als Jugendlicher im Villach der frühen Zweitausender hatte man nun wirklich andere Probleme. Mädchen zum Beispiel. Oder beim Fortgehen in der berüchtigten Villacher hätte mir zwar kaum egaler sein können. Slawische Sprachen und Gesellschaften an und für sich aber haben mich damals schon fasziniert. Neben meinem Geschichtsstudium bin ich als Frühzwanziger immerhin auf die Idee gekommen, mit Serbokroatisch eine neue Fremdsprache zu lernen![1] Diese Entscheidung sehe ich auch heute noch als eine der besten meines Lebens an. Die Kenntnis dieser Sprache hat mir in den vergangenen zehn Jahren Türen geöffnet, von denen ich nicht einmal wusste, dass sie existieren. Ich habe sogar ein Austauschjahr in Zagreb verbracht mit der obskuren Konsequenz, dass ich mich mit Kärntner Slowenen und Sloweninnen heute zwar nicht auf Slowenisch – der Sprache meiner Vorfahren – unterhalten, dafür aber gemeinsam jugoslawische Rocksongs aus den Achtzigerjahren singen kann.

Da drängt sich mir dann doch die Frage auf: Warum war das so? War es einfach nur Trotz? Die innere Abneigung der Heimat gegenüber, die mich davon abhielt, mich tiefgehender mit ihrer Geschichte zu beschäftigen? Das ist zumindest Teil der Erklärung. Als junger Erwachsener hatte ich diese Heimat immerhin gerade erst hinter mir gelassen und hatte nun keine Lust, gleich wieder auf sie zurückblicken. Mich interessierte die große Welt! Die Stadt Wien, die bedeutenden Zentren dieser Erde, vielleicht noch der Balkan. Aber doch nicht dieses kleine Koroška! Oder Ratenče. Oder gar meine eigene Familienvergangenheit.

---

[1] So darf man diese Sprache heute freilich auf keinen Fall mehr nennen. Denn das Bosnische, Serbische, Kroatische, Montenegrinische (und bis zum Erscheinen dieses Buches sicher zwei oder drei weitere Sprachen) sind natürlich komplett eigenständig und haben nichts miteinander zu tun. Deshalb hört man auch niemals einen Serben ohne jegliche sprachlichen Probleme mit einer Kroatin sprechen. Um sicherzugehen: Bitte sarkastisch lesen. Danke.

Innenstadt nicht aus Versehen abgestochen zu werden, weil man in den Augen irgendeines Halbstarken gar zu „blöd schaute". Diese Ausrede lasse ich mir auch mit dem Blick von heute noch durchgehen. Aber ganz so leicht kann ich es mir selbst trotzdem nicht machen. Ich muss an dieser Stelle nämlich einen der größeren Widersprüche in meinem Charakter ansprechen: Ich bin im Alter von zwanzig Jahren nach Wien gezogen, um dort Geschichte zu studieren. Ja. Ausgerechnet Geschichte! Da hätte mich die ungewöhnliche Vergangenheit meiner Heimatregion und meiner eigenen Familie doch ein wenig mehr interessieren können. Aber nein. Bis vor Kurzem hatte ich darauf so gar keine Lust und es sind immerhin lockere fünfzehn Jahre seit Beginn meines Studiums vergangen.

Noch heute ist es so, dass ich Familiengeschichte oder beispielsweise Stammbäume an und für sich zwar faszinierend und manchmal auch erhellend finde. Aber das trifft eigentlich nur zu, wenn andere die Stammbäume machen. Mich selbst hinzusetzen, bei Verwandten nachzubohren, gar in Kirchenbüchern oder Ähnlichem zu schmökern ... das hat mich nie gereizt und das ist bis heute so. Geschichte macht mir eben mehr Spaß, wenn sie weit weg von Zuhause stattfindet. So habe ich mich bald in den pompösen Hörsälen der Universität Wien wiedergefunden und Vorlesungen zur Antike im Mittelmeerraum gelauscht. Oder zur Neuzeit im Mesoamerika. Oder zur Moderne in Großbritannien. Nur nichts über meine Heimat und wie ihre Geschichte auch meine Familie und damit mein eigenes Großwerden beeinflusst hat.

Aber wenn du nun glaubst, die Geschichtsvergessenheit dieses jungen Geschichtsstudenten ende hier, liegst du weiter daneben als die Kärntner FPÖ von der Achtung von Minderheitenrechten. Meine slowenische Familienvergangenheit

Das Tragische an all dem sind aber nicht unbedingt meine eigenen Entscheidungen von damals. Immerhin ist doch niemand dazu verpflichtet, sich mit der Geschichte seiner Heimat zu beschäftigen – auch ein junger Geschichtsstudent wie ich nicht. Das Problem ist eigentlich ein viel größeres und führt uns zurück zur Frage der Assimilation. Denn was bedeutet dieses so epochale Wort denn letzten Endes? Es beschreibt doch nichts anderes als die Summe von vielen kleinen Entscheidungen einzelner Menschen, eine Sprache und Kultur zugunsten einer anderen zurückzulassen. In kleinen, meist ganz unbewusst gesetzten Schritten. Die einzelnen Personen tragen dabei freilich keine Schuld für die schwere Last der Geschichte. Man kann der Generation meiner Großeltern in Kärnten nur schwer anlasten, sich für den Weg ins Deutsche entschieden zu haben. Es mag für sie wirklich die einfachste Lösung gewesen sein. Man kann bei aller Selbstkritik – so würzig sie die Einleitung eines jeden Buches auch macht – wohl auch mir nicht ernsthaft anlasten, mich so lange nicht für diese Geschichte interessiert zu haben.

Aber doch bleibt ein bitterer Eindruck von Teilhabe. Auch ich habe da meinen Beitrag zur Germanisierung Kärntens geleistet und diese ewige Deutschtümelei hat dem Land über die Jahrzehnte nun wahrlich nicht gutgetan. Vielleicht ist auch das ein Grund, warum sich mein Blick auf all das in den letzten Jahren doch verändert hat. Zu einem gewissen Teil hat sich wohl einfach mein Bezug zu Kärnten ganz allgemein verbessert und solche Probleme interessieren mich heute als Resultat mehr. Als junger Erwachsener habe ich vor fünfzehn Jahren nur weg von dort gewollt. Villach ist mir in der Zeit zu eng geworden – sowohl der physische Raum als auch der in den Köpfen der Menschen. Es war ja auch wirklich eine bittere Zeit in der

Geschichte Kärntens. Die Ära Jörg Haider war zum Zeitpunkt meines Wegzugs gerade erst zu Ende gegangen und Kärnten nach wie vor eine waschechte Vorreiterregion des modernen Rechtspopulismus für ganz Europa. Keine Tatsache, für die ich damals oder heute sonderlich viel Stolz empfinden könnte.

Nun mag man sicherlich einwenden, dass das Kärnten der 2020er-Jahre nicht so viel besser ist. Möglich. Aber zumindest sehe ich die Dinge heute ein wenig anders. Ich habe die „große weite Welt" inzwischen gesehen. Zumindest den einen oder anderen Teil von ihr. Vor allem habe ich für mich aber erkannt, dass man den Rest gar nicht unbedingt sehen muss. Mit dieser langsam reifenden Erkenntnis, und ja – vielleicht auch dem Ende einer gewissen Rastlosigkeit – habe ich mich im Laufe der letzten Jahre auch Kärnten wieder angenähert. Mit all seinen schönen Seiten und eben auch all seinen Problemen. Vielleicht habe ich das Land sogar erst jetzt richtig kennengelernt. Nicht als den Ort der Einöde und Einengung, wie ich ihn als Jugendlicher wahrgenommen habe, sondern als Ort der überraschenden Vielfalt und als Ort mit ganz besonderer Geschichte.

Den Punkt darf man hervorheben, denn er hätte mir als Historiker nun wirklich schon früher auffallen können! Wie viele Regionen Österreichs können schon von sich behaupten, historisch zweisprachig zu sein? Nun ich weiß schon: Es gibt da noch dieses Burgenland mit seinen gefühlt siebzehn Sprachen und auch in Vorarlberg werden mit dem alemannischen Vorarlbergisch und irgendeiner Form von (angeblichem) Deutsch zumindest zwei Sprachen gesprochen. Aber trotzdem sticht Kärnten unter den österreichischen Bundesländern doch heraus. In mir ist jedenfalls der Wunsch entstanden, mehr über dieses Land zu erfahren. Denn eine Sache ist mir bei allen Besonderheiten doch auch klar geworden: Kärnten ist keine Ausnahme!

Es ist kein unerklärbarer Ort des politischen Horrors im Süden Österreichs, unser eigenes kleines Mordor ohne Vergleich in der Welt. Kärnten ist einfach nur ein Land an der Grenze!

Es ist letztendlich egal, ob eine Grenze nun eine so monumentale Barriere ist wie die Bergkette der Karawanken, die sich direkt hinter dem Haus meiner Großeltern in die Höhe reckt, oder nur eine politische. Sie hinterlassen immer Spuren in den Menschen. Länder in Grenzlagen sind Orte der Vielfalt. Sie sind Orte, an denen Sprachen und Kulturen zusammenkommen. Sie sind aber auch häufig vernachlässigte Orte weit abseits der politischen und wirtschaftlichen Zentren ihrer jeweiligen Länder. Menschen aus Grenzräumen müssen daher besser als manch andere in der Lage sein, sich an schwierige und wechselnde Bedingungen anzupassen. Wenn man sich ansieht, wie oft sich die Grenzen Europas in der Vergangenheit schon verschoben und dabei immer neue soziale und wirtschaftliche Räume geschaffen haben, hatten die Menschen auch gar keine andere Wahl. Das Resultat? Die große Politik ist in diesen Grenzräumen im ganz Kleinen spürbar wie kaum woanders in dieser Welt.

Nicht nur in Kärnten, sondern in ganz Europa finden wir solche Grenzräume vor.[2] Überall haben sie Spuren in den Menschen hinterlassen und umgekehrt. Und genau an diesen Orten werden die oft geheimen oder zumindest lange vergrabenen Geschichten unseres Kontinents bewahrt und weitergeschrieben. Und da haben wir sie! Genau diese Geschichten sind es, die mich in den vergangenen Jahren so an Koroška fasziniert haben. Und eben diese bringen mich zurück zu meiner

---

2   Und natürlich auch darüber hinaus, ich weiß schon: Eurozentrismus. Du hast ja recht, aber irgendwo muss man doch anfangen – und jetzt hör auf, schon in der Einleitung zu nörgeln!

Familie und der slowenischen Sprache. Auch Koroška teilt sie mit vielen der anderen Grenzräume Europas: Jene verborgenen Geschichten unseres Kontinents werden nur zu oft von Menschen geschrieben, die sich zu ethnischen Minderheiten zählen. Manchmal, wie im Fall der Kärntner Slowenen und Sloweninnen, sind diese auf der „falschen" Seite einer modernen Grenze gelandet. Anderswo haben die Menschen gar keinen Anteil an der Errichtung eines Nationalstaats gehabt oder sind von diesem sogar verfolgt worden. Und dann gibt es wiederum Gesellschaften, die zwar einen „ethnischen Mutterstaat" kennen, aber Hunderte oder gar Tausende Kilometer von diesem entfernt leben.

Das ist das Geflecht der Minderheiten in Europa, zu denen sich doch immerhin geschätzte vierzehn Prozent der Europäer und Europäerinnen zählen – über hundert Millionen Menschen! Das ist die Welt von jenen, die Grenzen und Grenzräume besser kennen als die meisten von uns. Die von ihnen geformt worden sind, unter ihnen gelitten haben und noch leiden, die diese Grenzräume aber auch als Heimat und Orte der – entschuldige erneut – unbegrenzten Möglichkeiten sehen. Sie bewahren dadurch nicht zuletzt eine Version Europas, wie sie für die längste Zeit normal gewesen ist. In einer Zeit, bevor der Nationalismus diesen Kontinent mit harten Trennlinien auf den Karten und in den Köpfen durchzogen und in seinen Schwitzkasten genommen hat.

Es reicht! Ich habe genug davon, so gut wie nichts über diese Menschen und ihre Leben zu wissen. Mein gemütliches Dasein in der angeblichen Mehrheitsbevölkerung. Die einfachen Kategorien der Zugehörigkeit. Zum Teufel damit! Es ist für mich höchste Zeit herauszufinden, wie divers unser Kontinent wirklich sein kann, sobald man nur an der einen oder anderen Stelle leicht an der Tapete zieht.

Nicht zuletzt ist es für mich aber an der Zeit, meinen eigenen Platz in all dem zu finden. Wie hat der Grenzraum Kärnten mich und meine Familie geprägt? Wo verläuft hier die Grenze zwischen Mehrheit und Minderheit? Gehöre ich mit meinen slowenischsprechenden Vorfahren vielleicht gar schon zu dieser Minderheit? Und wenn dem so wäre: Würde das denn nicht auf fast alle Kärntnerinnen und Kärntner zutreffen? Fragen über Fragen.

Wie es sich für ein solches Buch gehört, mache ich mich also auf zu einer Reise zu mir selbst. Und das ausnahmsweise nicht in Nordindien, sondern in Kärnten, Österreich und Europa. Es ist Zeit für eine Reise zwischen die Grenzen.

Eine vertraute Fremde

Und schon stellt sich die grundlegende Frage: Muss man denn wirklich auf Reisen gehen, nur um mehr über die Grenzregionen Europas und die Leben der Menschen dort zu erfahren? Ehrlich gesagt: nein. Aber um an der Stelle mal ganz transparent zu sein: Es ist Ende 2021, als ich ernsthaft beginne, mit diesem Gedanken zu spielen. Nach zwei Jahren Corona klingt die Idee doch verdammt verlockend, ein Jahr lang quer durch Europa zu reisen. Eine so willkommene Ausrede lasse ich dann auch nicht einfach liegen.

Obendrein bin ich bei solchen Dingen aber schon immer recht praktisch veranlagt gewesen. Auch deshalb hat mich der klassische Beruf des Historikers wohl nie angesprochen. Es mir wochenlang mit Primärquellen hinter den verschlossenen Türen von Archiven „gemütlich" zu machen: das hat für mich nie nach einem sonderlich überzeugenden Jobangebot geklungen.[3] Aus genau demselben Grund habe ich einige Jahre nach Abschluss meines Studiums auch meinen Podcast Déjà-vu Geschichte gestartet. Learning by Doing eben!

Vielleicht ist mir deshalb so klar, dass ich allein durch die Recherche in Büchern nichts Grundlegendes über die Grenzregionen Europas und die Menschen dort erfahren werde. Das alles muss ich dann schon selbst sehen. Nach langem Zögern – teils bedingt durch Aufschieberitis, teils durch den einen oder anderen Lockdown – ist es im April 2022 dann endlich soweit: Ein Jahr voller Reisen steht bevor und ich beschließe dabei ganz bewusst, nicht daheim in Kärnten zu beginnen. Einerseits wäre

---

[3] Nicht dass es solche Jobs für Historiker:innen im Jahr 2023 noch gäbe, mach dich nicht lächerlich.

das wohl kaum eine Reise. Andererseits wäre mir Kärnten aber auch zu vertraut, um mich wirklich darauf einlassen zu können. Ich weiß immerhin noch immer nicht, wonach genau ich eigentlich suche.

Um mich zumindest dieser grundlegenden Frage erstmals anzunähern, mache ich mich in diesem Frühjahr also stattdessen auf den Weg in die sächsische Oberlausitz. Das scheint mir in vielerlei Hinsicht der perfekte Ort zu sein, meine Reisen an die europäischen Grenzen zu beginnen. Am Papier erinnerte mich die Region sofort an Kärnten. Eine Gegend an der alten Sprachgrenze zwischen dem Deutschen und Slawischen und eine Ecke Deutschlands, in der mit dem Sorbischen eine eigenständige slawische Sprache überlebt hat. Und als Sahnehäubchen obendrauf: Nazis haben sie dort angeblich auch noch. Das klingt doch ganz wie zu Hause!

Übrigens: Du kannst meine Reisen für dieses Buch auch in Fotos und Videos mitverfolgen! Ich habe über 50 davon für die Empfänger und Empfängerinnen meines Newsletters zusammengestellt.
Melde dich einfach unter ralfgrabuschnig.com/newsletter an und du bekommst sofort den Link. Natürlich ist der Newsletter kostenlos und mit einem Klick stornierbar.

Da ich Anfang April einige Tage für den Podcast im Norden Deutschlands zugebracht habe, reise ich nicht von Wien, sondern von Lübeck aus nach Bautzen/Budyšin an. Die Zugstrecke führt mich dabei südlich über Berlin und Dresden. Die von mir schon vorher verspürte Vertrautheit mit der Gegend scheint sich unterwegs dann auch überraschend schnell zu bestätigen. Spätestens ab Berlin kommen mit jedem Stopp mehr und mehr schräge Heimatgefühle in mir auf. Die Sprache wird immer ... sächsischer ... und als Österreicher vermisse ich irgendeine

Form von Dialekt nach zwei Wochen im hohen Norden dann doch. Offenbar sogar so sehr, dass Sächsisch – ausgerechnet Sächsisch! – ein Gefühl von Heimat in mir auslöst. Und auch die Landschaft kommt mir mit jedem Kilometer vertrauter vor. Ganz anders als noch im flachen Norden beginnen hinter Dresden typisch mitteleuropäische kleine Hügel und Wälder am Zugfenster an mir vorbeizuziehen. Die Sonne geht gerade unter und die Szenerie gepaart mit der Anspannung auf das, was mich in der Lausitz erwarten wird, verbinden sich zu einer wunderbar gedankenschweren Stimmung.

Die Menschen hier leisten allerdings mit aller Kraft ihren Anteil an dieser Stimmung. Immerhin bin ich mit Budyšin nicht nur auf dem Weg in das sorbische Zentrum Deutschlands. Bautzen ist auch die neonazistische Hochburg des Landes. Und dass neben mir im Zug ein grimmig aussehender, glatzköpfiger Kerl sitzt, der ein Bier nach dem anderen runterhaut und die Flaschen dazu mit seinen Zähnen öffnet – nein, das ist keine Übertreibung – hilft da wirklich ganz und gar nicht. Er ist damit allerdings ohnehin eher erfolglos. Der selbst durch meine FFP2-Maske beißende Biergeruch teilt mir deutlich mit, dass da wohl nicht der gesamte Flascheninhalt den Weg in seinen unmaskierten Mund findet. So schaue ich lieber stur von ihm weg und fixiere den Blick wieder auf das Zugfenster in der Hoffnung, dass er mich nicht anspricht. Aber auch der Blick in die Landschaft birgt düstere Erwartungen. Ich gehe in jeder neuen Kurve davon aus, dass die lieblichen Wälder und Hügel da draußen gleich in die höllische Marslandschaft eines Braunkohletagebaus übergehen werden, von der ich so viel gelesen habe. Das tun sie zum Glück nicht und auch der Kerl neben mir lässt mich bis Bautzen am Leben. Gott, Wotan, Björn Höcke, oder woran auch immer er glaubt, meint es heute offensichtlich gut mit mir.

Erleichtert kann ich nach der Ankunft also mein kleines Zimmerchen mit Blick auf den Bautzener Hauptmarkt beziehen. Es ist sogar ziemlich gemütlich hier! Nun gut: Die Einrichtung ist vielleicht ein wenig in den Neunzigern hängen geblieben. Aus jeder Ecke des Raumes begrüßen mich helles Holz und mit blauen Polstern bestückte Stühle und den Vorhängen sieht man Jahrzehnte des Rauchens in diesem Zimmer deutlich an. Ich kann mich nicht festlegen, ob sie wohl immer schon beige waren, oder ihr Leben eines Tages in weiß begonnen hatten. Aber es macht auch nichts. Ich bin nach dieser Reise einfach nur hundemüde und falle glücklich in mein mit blau-pinkem Stoff überzogenes Bett. Für einen kurzen Moment bewundere ich noch den Röhrenfernseher im Eck und dann schlummere ich auch schon ein.

Meine Träume müssen mich in dieser Nacht genauso in die Vergangenheit getragen haben. Ich könnte jedenfalls schwören, von den Backstreet Boys, Power Rangers und Pokémon in irgendeiner Kombination geträumt zu haben. Was ich jedenfalls weiß, ist, dass ich mit einem hartnäckigen *I Want It That Way* im Ohr aufwache und mir die Einrichtung des Zimmers plötzlich überhaupt nicht mehr eigenartig vorkommt. Schlaftrunken wie ich bin, wundere ich mich auch nicht weiter über die Filterkaffeemaschine Baujahr 1995. Erst beim Verkosten des Kaffees – Röstjahr schätzungsweise 1992 – holt mich die Gegenwart dann mit voller Wucht ein. Ach stimmt! Ich bin im Bautzen des Jahres 2022 und ich habe doch noch etwas vor! Und dieser Kaffee ist gar abscheulich. Tell me why!

Ich verbringe meinen ersten Morgen also stattdessen in einem Café ums Eck auf der zentral gelegenen Reichenstraße. Für Anfang April ist es schon angenehm warm und ich kann mich sogar draußen in die Sonne setzen. Zum Wachwerden und

Eingewöhnen spiele ich dann erst mal mein neues Lieblingsspiel *Nazi oder nicht Nazi*. Jeden Passanten und jede Passantin schaue ich mir im Vorbeigehen an und überlege mir, ob sie zu jenem Drittel der Stadt zählen, das in der letzten Bundestagswahl die AfD gewählt hat. Und ja: Ich habe tatsächlich große Freude an meinem elitären Überlegenheitskomplex. „Oh schau! Einer in Thor Steinar-Jacke vor der Konditorei gegenüber. Bingo!"

Nach ein paar Minuten und zwei Cappuccino wird es mir mit dem Spiel dann aber doch langweilig und ich spaziere die Reichenstraße hinunter in Richtung Bahnhof. Das WiFi in meiner Unterkunft scheint eher homöopathischen Charakter zu haben und ich brauche einen Ort, an dem ich noch ein paar Stunden arbeiten kann. Auf Google bin ich dann beim Kaffeetrinken auf den *Kreativbunker* gestoßen. Das scheint ein Co-Working Space zu sein und ist nur ein paar Minuten vom Zentrum entfernt. Für ein paar Euro kann ich dort den ganzen Tag arbeiten. Wirklich: Solche Deals findet man auch nur in Ostdeutschland. Und als was für ein Glücksgriff sich der Ort auch noch herausstellt! Gleich der erste junge Mann, den ich dort treffe, erwähnt seine sorbischen Wurzeln, nachdem ich ihm vom Grund meiner Reise erzähle. Nach diesem Vormittag und den mulmigen Gefühlen der Anreise bin ich echt heilfroh, so schnell in einen Teil des sorbischen Budyšin hineingeschlittert zu sein.

Der Mann im Kreativbunker – Christoph heißt er[4] – erzählt mir von seiner Kindheit auf dem Dorf, wo heute noch viel Sorbisch auf der Straße gesprochen wird. Wir unterhalten uns

---

4 Tut er nicht und auch der *Kreativbunker* heißt nicht wirklich *Kreativbunker*. Aber hast du irgendeine Ahnung wie kompliziert die Sache mit der Namensnennung in einem Buch wie diesem ist? ... Tun wir einfach mal alle gemeinsam so, als hieße der Mann im Bunker Christoph – ja?

aber auch lange über die AfD und die Rechten in der Stadt und wie die auf die Minderheit zu sprechen sind. Das sei durchaus gemischt, meint Christoph. Es gibt in der lokalen AfD sogar einen sorbenfreundlichen Flügel! Dieser Teil der Partei lebt scheinbar nach dem Motto: Lieber unsere eigenen Slawen als Leute von draußen. Ich bin mir wirklich nicht sicher, was ich davon halten soll. Generell scheint mir Christoph überraschend positiv gestimmt, wenn er über die kulturpolitischen Möglichkeiten der Minderheit in Sachsen und Bautzen spricht. Die größere Politik macht ihm zwar Sorgen, aber nicht so sehr in Bezug auf seine sorbische Identität. Er meint, es sei nicht so sehr die offene Diskriminierung, die die sorbische Gemeinschaft vor Herausforderungen stellt. Vielmehr seien es die praktischen Dinge wie Arbeitslosigkeit, der Wegzug vom Land oder auch Ehen mit Deutschsprachigen, die die sorbische Sprache im Alltag gefährdeten. Der Tratsch mit Christoph stimmt mich doch deutlich positiver als noch zuvor. Ich habe mir in den letzten Tagen durchaus meine Sorgen gemacht, wie das alles hier ablaufen wird. Ich kenne kaum jemanden in Bautzen und habe auch keinen echten Plan oder eine Ahnung, was genau ich suche und vor allem wie ich es finden soll.[5] Wenn es aber weiter so läuft wie im Bunker, muss ich mir da keine Sorgen machen. Welch ein wunderbarer Start!

Voller Energie und Motivation spaziere ich am Nachmittag also zurück in die Innenstadt und schaue mich zum ersten Mal so richtig in Bautzen um. Dieses Städtchen wird seinem doch etwas fragwürdigen Ruf nun wahrlich nicht gerecht. Es ist verdammt hübsch hier! An jeder Ecke findet man kleinere und

---

5   Ich weiß: Recherchearbeit auf Weltniveau!

größere Türme, Altbauten zieren links und rechts die Straßen, es gibt ein imposantes Schloss und der steile Abhang hinunter ins Tal der noch jungen Spree ist wirklich beeindruckend. Es sieht für mich ehrlich gesagt alles ein wenig tschechisch aus. Bautzen strahlt diese typische böhmische Form des Majestätischen aus, die ich nicht ganz in Worte fassen kann: irgendwie vertraut, irgendwie habsburgisch. Ich fühle mich wohl hier.

Auf so einem Spaziergang durch die Bautzener Altstadt dauert es dann auch nicht lange, bis man an den ersten sorbischen Institutionen vorbeikommt. Die gibt es hier in Hülle und Fülle! So komme ich beim Schlendern mehr oder weniger zufällig am Deutsch-Sorbischen Theater vorbei. Es gibt auch das Haus der Sorben/Serbski dom, Sitz des Dachverbandes *Domowina*, und nicht zuletzt das Sorbische Museum direkt beim Schloss. Auch in der Touristeninformation am Hauptmarkt werden die Sorben und Sorbinnen Bautzens und der Lausitz regelrecht als Attraktion verkauft. Dort steht direkt am Eingang eine FAQ-Infotafel – unter anderem mit der bahnbrechenden Frage: „Sprechen Sorben auch Deutsch?" Die gleichermaßen revolutionäre Antwort: „Natürlich! Denn sie sind deutsche Staatsbürger." Wenn die Welt nur so einfach wäre. Dann wäre ich wohl kaum hier! Ach, da ist es ja wieder: das elitäre Überlegenheitsgefühl.

Ich fühle mich nach dieser transzendenten Erkenntnis über die Komplexität des Seins jedenfalls so, als hätte ich mir zum Abschluss meines ersten Tages eine Belohnung verdient und trotte über den Hauptmarkt zum sorbischen Restaurant. Das Tagesmenü preist mir die Rinderroulade an und die stellt sich als hervorragend heraus! Das „sorbische Pils" dazu ist leider gelbliches Wasser mit angedeuteter Hopfennote. Aber zum Glück führt das Restaurant auch böhmisches Budweiser. Ich sage es ja: Alles ein wenig tschechisch hier. Und so spaziere ich nach einigen Bieren gut gelaunt die paar Meter zurück zu meiner Unterkunft und freue mich über den ersten Tag hier.

Vollkommen ignoriert habe ich meine schriftstellerischen Verpflichtungen in Vorbereitung auf diese Reise aber dann doch nicht. Ich habe im Vorhinein zumindest einen Kontakt hier aufgebaut, den ich am nächsten Morgen endlich treffen kann: Julian. Er scheint in Budyšin in allem aktiv zu sein, was das Adjektiv *sorbisch* im Namen trägt. Insbesondere sitzt er im *Rat für Sorbische Angelegenheiten*, er ist als Sprachlehrer in der Erwachsenenbildung und sogar in der Entwicklung einer Übersetzungs-App Deutsch-Obersorbisch tätig.[6] Julian selbst stammt aus einer teils sorbischen Familie aus dem Umland, hat die Sprache aber erst als Jugendlicher gelernt, weil sie – wie er es ausdrückt – „eine Generation übersprungen hat". Das finde ich eine wirklich wunderbare Formulierung! Dass eine Sprache auch eine Generation überspringen kann und nicht einfach auf nimmer Wiedersehen verloren geht – das habe ich so noch nie gesehen. Und es trifft auch wirklich zu. Julians Sorbisch wirkt auf mich als Außenstehender sehr gut und seine Freundin ist ebenfalls „Voll-Sorbin". So läuft die gemeinsame Kindererziehung heute wieder in der obersorbischen Sprache. Die Überbrückung der „übersprungenen Generation" scheint ihm jedenfalls gelungen zu sein.

---

6 Ohne zu weit in gar zu spannungsarme linguistische Diskussionen abzuschweifen: Die sorbische Sprache hat zwei Varianten. Das Obersorbische wird hier in Budyšin und im sächsischen Teil der Lausitz gesprochen. Es wird ihm allgemein nachgesagt, dem Tschechischen nahezustehen. Weiter nördlich im brandenburgischen Teil der Lausitz wird dagegen Niedersorbisch gesprochen, das dem Polnischen näher steht. Die Unterschiede zu Tschechisch oder Polnisch sind aber in beiden Fällen deutlich. Ober- und Niedersorbisch scheinen untereinander aber trotz großer Unterschiede halbwegs verständlich zu sein.

Mit entsprechender Begeisterung spricht Julian über die Minderheit und auch die Probleme, die er für sie sieht. Also zumindest erzählt er davon, wenn er gerade mal nicht von irgendjemandem unterbrochen wird. Auf den Straßen Budyšins muss man in seiner Begleitung ohne große Übertreibung alle paar Meter stehenbleiben, weil ihn ein Passant anspricht. Julian scheint hier wirklich bekannt zu sein wie ein bunter Hund. Umso mehr freue ich mich darüber, dass ausgerechnet er sich bereit erklärt hat, morgen eine Rundfahrt mit dem Auto in die Umgebung Bautzens mit mir zu unternehmen. Auch das Gespräch mit Christoph hat mir doch wieder gezeigt, dass ein Besuch der Dörfer auf jeden Fall sein muss, und ich kann mir keinen besseren Begleiter als Julian dafür vorstellen. Eine Sache lässt er mich aber gleich heute noch wissen, bevor er sich dann verabschiedet, um seine Tochter aus dem Kindergarten abzuholen: Der Behauptung der Touristeninformation von gestern sollte ich mal lieber nicht zu viel Glauben schenken. Er meint, die meisten Sorben und Sorbinnen sehen sich keineswegs als „Deutsche", wenn sie auch den deutschen Pass besitzen.

Ich bin neugierig und freue mich gewaltig auf unseren morgigen Ausflug. Denn Städte sind und waren eben immer schon Orte der Begegnung und Durchmischung. Schon seit dem Mittelalter hatte Budyšin sowohl eine sorbische als auch eine deutsche Bevölkerungsgruppe. In den Dörfern der Umgebung sah das ganz anders aus. Dort setzt sich die deutsche Sprache zum Teil erst jetzt durch und in einigen Fällen auch gar nicht. Und das wiederum liegt an diesem ganz besonderen Grenzraum, in dem wir uns hier in der Lausitz befinden.

Von Mehrheit zu Minderheit

Die Gegend ist nämlich schon deutlich länger slawisch besiedelt als deutsch. Das wird uns in diesem Buch immer wieder begegnen. Spätestens seit dem 7. Jahrhundert sind slawische Siedlerinnen und Siedler in der Lausitz greifbar. In der Łužica vielmehr. Und im frühen Mittelalter waren sie das sogar noch weit darüber hinaus! Zu der Zeit bildeten noch die Elbe und Saale die Grenze zwischen dem „deutschen" Frankenreich – das sich später mit einer gesunden Portion Hybris zum *Heiligen Römischen Reich* erklären würde – und den slawischen Siedlungsgebieten östlich davon. Die Sprachgrenze lag somit viele Kilometer weiter westlich als die Lausitz und das blieb noch über lange Jahrhunderte so. Große Teile von dem, was wir heute als Deutschland bezeichnen, war im frühen Mittelalter somit noch nicht deutsch bewohnt. Nur um diese Tatsache mit einem Beispiel zu untermalen, das ich direkt vor meiner Reise in die Lausitz kennenlernte: Lübeck war die allererste deutsche Stadt, die direkten Ostseezugang besaß. Das war erst im 12. Jahrhundert! Der slawische Sprachraum erstreckte sich in jener Zeit noch locker bis Leipzig und sogar vor die Tore Hamburgs!

Doch dann änderte sich alles. In den folgenden 150 Jahren kamen plötzlich an die 150.000 Deutschsprachige auf die Idee, ausgerechnet in die Gegend des heutigen Sachsens auszuwandern und begannen damit, den slawischen Siedlungsraum zurückzudrängen. Ich weiß: mit Blick aus dem 21. Jahrhundert schwer vorstellbar. Und das geschah auch nicht nur hier. Ganz ähnliche Geschichten spielten sich in jener Zeit überall in Osteuropa ab und weit darüber hinaus. Entsprechend hartnäckig wird uns dieser Prozess in diesem Buch auch noch verfolgen. Überall weitete sich im Hochmittelalter eine ganz bestimmte

Form der europäischen Kultur explosionsartig bis an die Ränder des Kontinents aus. Die kleine fränkische Welt Westeuropas brach aus und definierte bald neu, was wir unter Europa und europäischer Kultur verstehen.

Um aber begreifen zu können, wie das Hochmittelalter zwischen den Jahren 1000 und 1300 den Kontinent so radikal verändern konnte – und welche heute fast unbekannten Wanderungsbewegungen dazu nötig waren – müssen wir in groben Zügen wissen, wie Europa davor ausgesehen hat. Im Westen des Kontinents war im 5. Jahrhundert erst mal das Römische Reich untergegangen. Verbunden war das wiederum mit der sogenannten Völkerwanderung[7] und dem Druck, den sie auf das römische Staatswesen ausübte. In der Folgezeit entstanden aus der Mischung alter römischer Strukturen mit frisch zugezogenen, meist germanischen Herrschaftsschichten neue Staaten und Gesellschaftsgebilde. All das sind träge Prozesse, die über viele Jahre angedauert haben und in der Geschichtswissenschaft klassischerweise das gesamte frühe Mittelalter füllen. Das ist übrigens eine der nutzlosesten Einteilungen der Historie und füllt mal ganz locker ein halbes Jahrtausend vom 5. bis ins 10. Jahrhundert. Nicht dass Europa im 5. Jahrhundert sonderlich viel mit dem im 9. oder 10. zu tun hatte, versteht sich. In diesem Zeitraum und aus dieser römisch-germanischen Konstellation entstand nun aber doch etwas grundlegend Neues. Wir kennen es heute als das Fränkische Reich Karls des Großen: die erste westeuropäische Großmacht seit dem Fall Roms.

---

[7] Ein Wort, das für mich furchtbar falsch klingt, für das ich aber noch immer keine gute Alternative gefunden habe. Ich mache das Fass hier also nicht auf, was genau denn ein „Volk" sein soll. Oder wie man eine „Wanderung" definieren will.

Aber es war nicht gerade so, als wäre dieses neue Fränkische Reich entstanden, hätte sofort den Platz des alten Roms eingenommen und über halb Europa geherrscht. Dafür war auch die Zeit viel zu instabil. Im 8. und 9. Jahrhundert – also just während der Herrschaft Karls des Großen – geriet in Europa erneut vieles in Bewegung und bedrohte den jungen fränkischen Staat auch schon wieder. Vom Osten zogen in Form der Magyaren die nächsten Reiternomaden in Europa ein, nachdem die mindestens genauso lästigen Awaren und Hunnen doch gerade erst verschwunden waren. Im Norden erstarkten gleichzeitig die Wikinger und zogen bald als Schreckgespenst quer über die Britischen Inseln und sogar bis nach Paris. Rund um das Mittelmeer waren schließlich die muslimischen Sarazenen am Werk. Fast die gesamte Iberische Halbinsel geriet im Frühmittelalter unter ihre Kontrolle, dazu noch Sizilien, Sardinien und weite Teile Süditaliens. Von der allgegenwärtigen muslimischen Piraterie ganz zu schweigen.

Kurz zusammengefasst war das frühe Mittelalter in Westeuropa also geprägt von wackligen Neuanfängen unter schwierigen Bedingungen. Aber es war eben auch die Zeit, in der mit dem Frankenreich – immerhin der Vorläufer des späteren Frankreichs und Deutschlands – der erste mehr oder weniger stabile Staat in dieser Region entstand. Es kann vielleicht sogar zum ersten Mal von einer größeren „westeuropäischen Kultur" seit dem Fall Roms gesprochen werden und diese Kultur kennen wir alle tatsächlich sehr gut. Ihre weitere Entwicklung würde uns später Ideen wie Ritter, Steinburgen, Turniere und Minnesang einbringen. Eben all das, was wir heute klassischerweise mit dem Mittelalter verbinden.

Aber – und das wird mit Blick auf den Raum östlich von Saale und Elbe noch wichtig: Diese Kultur war eng beschränkt auf den Westen des Kontinents im heutigen Frankreich, dem Rheinland, den Beneluxländern und teilweise vielleicht im angelsächsischen England.[8] Auch zum Ende des Frühmittelalters war das noch ein extrem überschaubarer Raum. Es war nun genau dieses kleine Westeuropa, das mit Beginn des Hochmittelalters plötzlich explodierte und sich bis an die hintersten Ecken des Kontinents ausbreitete. Abertausende von Menschen aus dieser Region zogen aus, um ihr Glück in der Ferne zu suchen. Mit all ihren Wertvorstellungen, ihren Rechtsnormen und religiösen Ideen. Wenn wir heute also das europäische Mittelalter in seiner Gesamtheit mit Rittern, Steinburgen, Turnieren und Minnesang verbinden, liegt das zu guten Teilen an dieser Ausweitung westeuropäischer Ideen im Hochmittelalter.

Nur: Was waren die Gründe für diese so unwahrscheinliche Entwicklung – für diesen Exodus aus dem Westen? Darauf gibt es tatsächlich keine einfache Antwort. Vielleicht trifft es das Wort Kipppunkt am besten. Ende des 10. Jahrhunderts kam in Westeuropa eine Reihe an Trends zusammen, die zuvor Undenkbares möglich machten. Zuallererst wurde es im Äußeren ruhiger. Die Magyaren – inzwischen von den meisten ihrer

---

8 Wie immer war auf der Insel alles ein wenig anders als auf dem Kontinent. Die angelsächsischen Königreiche teilten zwar viele Eigenheiten mit den Franken und anderen germanischen Gesellschaften. Gleichzeitig war der römische Einfluss in Britannien aber schwächer als auf dem Festland. Mit der Invasion durch die Normannen 1066 änderte sich das zwar zum Teil wieder. Aber auch hier haben wir es nicht mit Franken, sondern mit frankifizierten Wikingern zu tun. Not quite the real deal. Wenn dich die Geschichte Englands interessiert, habe ich da aber ganz zufällig ein Buch geschrieben. Es heißt *Endstation Brexit* und sei dir hiermit ans Herz gelegt. Wobei ich da eventuell ein wenig befangen bin.

Nachbarn *Ungarn* genannt – ließen sich in der Pannonischen Tiefebene nieder und zur Jahrtausendwende trat ihr erster Herrscher bereits zum Christentum über. Die militärische Lage im Osten Europas verbesserte sich dadurch deutlich. Im Norden und Westen fanden fast zeitgleich die Wikingerüberfälle ein Ende und auch in Skandinavien folgte die Gründung christlicher Königreiche. Im Süden rund um das Mittelmeer erstarkten schließlich christliche Seemächte wie Venedig und Genua, das byzantinische Reich stabilisierte sich und die muslimischen Gesellschaften hörten infolge auf zu expandieren.

Vor allem – und das könnte uns heute vielleicht noch zu denken geben – änderte sich in Europa das Klima. Der Kontinent entkam um die Jahrtausendwende dem sogenannten Klimapessimum des Frühmittelalters und ging in eine warme Phase über, die in der Wissenschaft *Mittelalterliche Klimaanomalie* genannt wird. Man kann sich bei dem Namen schon vorstellen, wie vollkommen unnormal die wohl war.

Westeuropa war als Resultat dieser Entwicklungen bald bevölkerungsreicher, besser vernetzt und politisch stärker konsolidiert, als es das seit den Zeiten Roms war.

Die große deutsche Wanderung

Die steigende Bevölkerungszahl bedeutete aber auch, dass schnellstmöglich neue landwirtschaftliche Gebiete erschlossen werden mussten – und damit kommen wir den Gründen für die Auswanderung näher. Denn mehr Menschen waren in der agrarischen Welt des Mittelalters erst mal eher eine schlechte Nachricht. Zumindest wenn nicht im selben Ausmaß die Produktion gesteigert und diese Leute somit ernährt werden konnten. Das war nun die große Aufgabe der lokalen Herrschenden. Sie trieben bald überall die Binnenkolonisation voran. In dem Zuge wurden im heutigen Frankreich und Westdeutschland im großen Stil Wälder gerodet und Sümpfe trockengelegt, um neues nutzbares Land zu schaffen.[9] Gleichzeitig drängte die Expansion aber auch nach außen. Auf der Suche nach neuem Land, neuen Handelsmöglichkeiten und ja, auch Ruhm und Ehre, machten sich Menschen aus dem zunehmend überfüllten Westeuropa auf die Reise in ferne Länder.

Es ist in den Jahren nach der Jahrtausendwende somit fast schon egal, wohin man in Europa blickt: Überall spielten sich diese Prozesse in irgendeiner Form ab. Die italienischen Handelsrepubliken Venedig, Genua, Amalfi, Pisa und Ragusa stießen immer weiter ins Mittelmeer vor, erbauten entlang der Küsten bis in die Levante und zum Schwarzen Meer Handelsstationen und später sogar regelrechte Kolonien. Im Norden fand sich ab dem 12. Jahrhundert die Hanse zusammen und machte sich genauso auf, in Richtung Osten zu ziehen und dort Handel zu treiben. Im restlichen Osteuropa machten Adelige

---

9 Solltest du in einem Ort leben, der auf *-rode*, *-feld*, *-hau* oder auch *-hausen* endet, stehen die Chancen ganz gut, dass er genau in dieser Zeit entstand.

und Händler über den Landweg genau dasselbe. Nicht zuletzt sind aber sogar die Kreuzzüge ein Teil dieser Entwicklung. Sie brachten westeuropäische, meist französische Adelige samt ihrer Ideale und Normen bis nach Jerusalem! Die Reconquista in Spanien oder die Ausweitung Englands auf Kosten des keltischen Wales und Irland erwähne ich überhaupt nur am Rande, um deine Aufmerksamkeit auch nur halbwegs bei diesem Gewirr an Migrationsströmen zu halten.

Bist du noch da? Gut.

Denn wir erreichen den Gipfel dieser wahrlich außergewöhnlichen Entwicklung. Am Ende des Hochmittelalters – nach etwa dreihundert Jahren – war Europa mit dem vorhin beschriebenen, krisengebeutelten Kontinent des Jahres 1000 kaum noch zu vergleichen. Von Dublin bis Riga, von Valencia bis Jerusalem finden wir jetzt Gesellschaften vor, die mehr oder weniger dem alten karolingischen Ideal Westeuropas entsprechen. Es existierten an all diesen Orten Königreiche aufbauend auf einer Form des Lehnswesens und Adelsherrschaft mit starken Handelsgruppen, Mönchsverbindungen und den Strukturen der Römisch-Katholischen Kirche im Hintergrund. Europa war im Hochmittelalter „europäisiert" worden und wurde so einheitlich wie nie. Um es etwas ketzerischer auszudrücken: Europa hat sich im Hochmittelalter selbst kolonisiert.

Die deutsche Ostsiedlung in die Lausitz und darüber hinaus war also nur ein Teil dieser viel größeren Entwicklung. In Bezug sowohl auf die Zahl der Menschen als auch die Größe des kolonisierten Gebiets war sie aber doch der bei Weitem größte Teil. Schon klar: Es zogen auch Menschen nach Jerusalem, Valencia oder Cardiff. Aber verglichen mit den enormen Strömen in Richtung Berlin, Riga oder Krakau geht das fast unter. Eine Form der deutschen Migration in Richtung Osten gab es dabei schon in den Jahrhunderten davor. Die Gründung der Stadt Hamburg im 9. Jahrhundert ist so ein Beispiel. Sie erfolgte mitten in slawischem Gebiet, so sehr sogar, dass noch zweihundert Jahre nach Stadtgründung regelmäßig mit slawischen Aufständen oder Angriffen zu rechnen war. Die letzten fanden noch im 11. Jahrhundert statt! Es ist dann auch kein Zufall, dass sich das deutsche Wort *Grenze* vom slawischen Begriff *Granica* mit derselben Bedeutung ableitet. Aber auch wenn es solche frühen Beispiele der deutschen Ostmigration gibt,[10] nahm diese im Hochmittelalter doch eine ganz neue Dynamik an.

Die diversen Bewegungen hatten selbstverständlich überall ihre Eigenheiten, aber doch ziehen sich einige Aspekte in allen Gegenden Osteuropas durch: einzelne Ideen, Normen und Vorstellungen, die von den wandernden Menschen aus Westeuropa überall in den Osten getragen wurden und dort ganz ähnliche Ergebnisse zeitigten.

Die sicher auffälligste Veränderung, wenn man das Europa im Jahr 1000 mit dem des Jahres 1300 vergleicht, ist dabei die geradezu bizarre Ausweitung der Römisch-Katholischen Kirche. Zu Beginn des Hochmittelalters war ihr Einfluss und damit der des ohnehin schwachen Papstes noch stark beschränkt. Die Kirche übte mehr oder weniger direkte Macht auf Mittel- und Norditalien, das Gebiet des alten Karolingerreichs, die Britischen Inseln und einige kleinere Gebiete an deren Rändern aus. Mit der Ostsiedlung kam der katholische Glaube nun aber im großen Stil nach Osteuropa und zum Ende

---

10 Die bairische Expansion ins heutige Österreich und nicht zuletzt Kärnten wäre ein weiteres Beispiel dafür. Darüber werden wir aber noch so einiges hören, nur Geduld.

des Hochmittelalters gab es plötzlich bis ins Baltikum Bistümer, die dem römischen Bischof in Tausenden Kilometern Entfernung unterstanden.[11] Bald schon würden in Litauen auch die letzten Heiden Europas zum Christentum westlicher Prägung konvertieren und mit dem Deutschordensstaat entstand in Preußen sogar ein waschechter Kirchenstaat, geführt von einem Kreuzritterorden!

Auch wenn der religiöse Aspekt der offensichtlichste ist, brachte die westeuropäisch-deutsche Expansion in den Osten aber auch auf militärischem Gebiet eine rasante Angleichung mit sich. Im 11. Jahrhundert waren deutsche Ritterheere ihren slawischen und baltischen Gegenstücken meist noch hoffnungslos überlegen. Doch schon nach kürzester Zeit übernahmen diese die Kampfformen und Ausrüstung ihrer westlichen Kontrahenten und die Unterschiede wurden immer weniger erkennbar. Mit der Zeit entstanden in Osteuropa dann sogar so typisch westliche Bauten wie Steinburgen. Diese kannte man in dieser Massivität sonst nur aus der Normandie.

Auch die lokalen Adeligen glichen sich ihren westlichen Vorbildern in Auftreten und Machtanspruch in rasanter Geschwindigkeit an – egal ob diese nun Einheimische, deutsche Zugewanderte oder assimilierte Slawen wie etwa in Mecklenburg waren. Wo oft nur wenige Generationen zuvor noch Stammesgesellschaften vorherrschten, entstanden bald auffallend feudal wirkende Staaten mit einem mehr oder weniger starken Königshaus an ihrer Spitze. Einher ging all das schließlich noch

---

11 Etwas später würden die meisten dieser Gesellschaften zum Protestantismus wechseln. Aber ich möchte auf diesem Punkt nicht zu viel rumreiten und der katholischen Kirche kurz ihre Freude lassen. Sie haben es ja auch wirklich nicht leicht.

mit den Gründungen oftmals bedeutender Städte. Im Schatten der großen Politik, Missionierung und Machtausweitung setzte sich somit auch die deutsche Sprache immer weiter in den Osten durch.

Das Resultat dieser Prozesse kann man kaum überbewerten. Zu guten Teilen wurde im Hochmittelalter einfach die Grenze dessen verschoben, was für uns als „deutsch" gilt. Wo vor dem Jahr 1000 noch alle Gebiete östlich von Elbe und Saale slawisch waren, gelten Länder wie Brandenburg oder Mecklenburg dreihundert Jahre später eindeutig als deutsch. Das Verständnis von Deutschland war gleich um mehrere hundert Kilometer in Richtung Osten gerückt! In vielerlei Hinsicht änderte sich das erst nach dem Zweiten Weltkrieg wieder, als die Oder-Neiße-Linie als Ostgrenze Deutschlands festgelegt wurde. Deutsche Sprachinseln bleiben dennoch bis heute erhalten – in Tschechien, Polen, Rumänien und anderswo. Egal welchen Maßstab man also ansetzt: In den knapp dreihundert Jahren des Hochmittelalters wurde Osteuropa wahrlich zu dem, was wir heute kennen. Und das geschah zu guten Teilen durch Migrationsbewegungen aus deutschsprachigem Gebiet.

Für die Sorben und Sorbinnen der Lausitz – aber eigentlich für alle slawisch sprechenden Menschen im heutigen Deutschland – hatte diese Expansionsbewegung nun wenig überraschend schwerwiegende Konsequenzen. Durch die Ansiedlung von Tausenden deutschen Siedlern und Siedlerinnen und die gleichzeitig startende Missionierungstätigkeit begann ab dem 12. Jahrhundert ein Prozess der Assimilation, der die slawische Sprache letztlich bis in die Lausitz zurückwerfen würde.

Kleinere slawische Sprachinseln hielten sich zwar auch weiter westlich noch über mehrere Jahrhunderte, doch die Menschen sahen sich dort schon bald offener Diskriminierung gegenüber. So galten beispielsweise bereits im 13. Jahrhundert Gesetze wie der *Sachsenspiegel*. Dieser zwang Slawischsprechende unter anderem dazu, vor Gericht Deutsch zu sprechen, so sie es in der Vergangenheit schon einmal getan hatten. Ein äußerst merkwürdiges Gesetz. Seinen Zweck der Germanisierung verfehlte es aber freilich nicht und somit setzte sich die deutsche Sprache beharrlich immer weiter gen Osten durch.

Innerhalb der Lausitz sah das allerdings deutlich anders aus. Hier konnte im Hochmittelalter noch keine Rede von einer großen Germanisierungswelle sein und da stellt sich schon die Frage: Was machte dieses Gebiet so anders? Die Politik! Zu einem guten Teil lag es schlicht daran, dass die beiden Lausitzen im Gegensatz zu den Sprachinseln weiter westlich ihre politische Autonomie bewahren konnten – erst als Teil des Königreichs Böhmen, dann innerhalb Sachsens und Brandenburgs. Ein Resultat des deutlich schwächeren Einflusses von außen war es dann eben auch, dass sich das Sorbische dort deutlich stärker halten konnte. Es kam sogar immer wieder zur Gegenbewegung und deutsche Neuankömmlinge assimilierten sich ins Sorbische!

Andere „Geschenke" der Deutschen verfingen dagegen auch in den Lausitzen deutlich schneller. Die christliche Religion etwa. Selbst wenn eine gewisse Autonomie erhalten blieb, traten doch die allermeisten Sorbinnen und Sorben im 12. und 13. Jahrhundert zum Christentum über. Als Heiden wäre es ihnen umringt von deutschen Herrschaften im ach so Heiligen Römischen Reich wohl auch nicht allzu gut ergangen.

Wie schon angedeutet, wechselten die politischen Zugehörigkeiten in der Folgezeit immer wieder hin und her. Die Lausitzen waren mal böhmisch – was mir ja auch optisch sofort auffiel – dann kurz ungarisch, später sächsisch, brandenburgisch und schließlich preußisch. Mit der Zeit verfestigten diese vielen Wechsel auch die Trennung der Ober- von der Niederlausitz. Die Niederlausitz wurde Teil Preußens, während die Oberlausitz bei Sachsen blieb. Und wenn man sich das alles ansieht, ist es geradezu ein Wunder, dass es heute überhaupt noch Menschen gibt, die hier Sorbisch sprechen. Im preußischen Gebiet wurde die alte Autonomie nämlich schon 1815 aufgehoben und auch die sächsische Oberlausitz folgte dem Beispiel in den 1830er-Jahren. Was folgte, waren zunehmend harsche Assimilationsbestrebungen in beiden Staaten.

Auch wenn ein Germanisierungsdruck in irgendeiner Form seit dem 12. Jahrhundert existierte, nahm er im 19. Jahrhundert ganz neue Formen an. Die Zentralisierung Preußens und Sachsens machte dabei den Anfang und bald folgte die Gründung des deutschen Kaiserreichs. Selbst wenn sich in jener Zeit auch die ersten sorbischen Vereine und Interessensvertretungen gründeten, stieg der Druck, in der Öffentlichkeit Deutsch zu sprechen, für die Sorben und Sorbinnen doch stetig an. Den absoluten Tiefpunkt brachte aber wenig überraschend die Nazizeit. Die NSDAP versuchte zuerst zwar noch, die Sorben als „wendischsprachige Deutsche" zu betiteln und entsprechend für das Regime zu vereinnahmen. Als das von sorbischen Vertretern aber abgelehnt wurde, wurde der Dachverband – die *Domowina* – einfach verboten und Sorbisch im Alltag vollkommen zurückgedrängt. Die Nationalsozialisten malten sogar so absurde Schreckgespenster wie die „Reslawisierung Deutschlands" an die Wand.

Als Resultat all dessen schrumpfte das sorbische Sprachgebiet im 20. Jahrhundert beständig weiter zusammen. In den frühen Jahren der DDR gab es zwar für kurze Zeit ernsthafte Versuche, das wieder umzukehren. So wurde sogar davon gesprochen, „die Lausitz zweisprachig" zu machen. Dass also auch alle Deutschsprechenden dort Sorbisch lernen sollten. Aus diesem Leitspruch wurde nach ein paar Jahren der Euphorie aber bald schon ein deutlich weniger imposantes „die Lausitz wird sozialistisch". Die Leute fragten sich damals wie heute, was das nun genau heißen soll.

Derzeit leben nur noch geschätzte 60.000 Sorben und Sorbinnen in der Lausitz, wobei nicht alle von ihnen Sorbisch beherrschen. Besonders das Niedersorbische in Brandenburg ist aktuell vom Aussterben bedroht. Auf rechtlicher Ebene ist die Lage heute aber einigermaßen sicher. In den Landesverfassungen sowohl Sachsens als auch Brandenburgs sind besondere Rechte für die sorbische Minderheit vorgesehen. Diese beziehen sich auf die „Bewahrung sorbischer nationaler Identität, Sprache, Religion und Kultur" und ermöglichen so wichtige Dinge wie sorbischsprachigen Unterricht, die Anbringung zweisprachiger Schilder und die Nutzung des Sorbischen vor Gerichten in den jeweilgen Landkreisen. Wie ich aber schon von Christoph im Kreativbunker gehört habe, sind es leider nicht unbedingt die rechtlichen Bedingungen, die heute den Fortbestand der sorbischen Sprache und Kultur gefährden. Und an den wirklich dringlichen Problemen – der prekären wirtschaftlichen und sozialen Lage – ändert sich in der Lausitz auch heute noch wenig.

Mit Sprache erinnern

Julian holt mich frühmorgens mit dem Auto am Bautzener Hauptmarkt ab. Und viel stilechter könnte er das wahrlich nicht tun! Der Mann hat doch tatsächlich einen runden, weißen Łužica-Aufkleber am Heck seines Autos angebracht! So geht es also los in Richtung Braunkohlegebiet. Vor der Gegend habe ich schon während meiner Anreise aus Dresden einen Heidenrespekt entwickelt und ich weiß noch immer nicht genau, was ich mir davon erwarten soll. Ich habe in meinem Leben noch keinen Tagebau gesehen und kenne den Anblick nur von Fotos. Genauso gut kann ich mir aber vorstellen, dass die enorme Größe dieser Erdlöcher auf Bildern gar nicht so richtig zur Geltung kommt. Wahrscheinlich gilt auch hier der *Grand-Canyon-Effekt*: Egal, wie viele Fotos man vorher gesehen hat, das Teil ist einfach viel größer. Aber ich mache mir zu viele Gedanken! Lange werde ich mich das alles ohnehin nicht mehr fragen müssen.

Es dauert kaum mehr als eine halbe Stunde, bis nördlich von Bautzen auch schon die Hölle auf Erden losbricht. Kurz davor führt uns unsere Straße noch am gigantischen Kohlekraftwerk Boxberg vorbei. Sie nimmt dabei auffällige und aus meiner Sicht völlig unnötige Rechts- und Linkskurven durch an sich leeres Waldgebiet. Was ist hier passiert? Wurde das Planungsamt Sachsens in der letzten Verwaltungsreform etwa mit dem besoffenen Hooliganclub von Dynamo Dresden zusammengelegt?! Oder hat der Freistaat einfach zu viel Geld und möchte dieses gewinnbringend in Asphalt investieren? Diesen Reichtum würde er an anderen Stellen ja beeindruckend gut verstecken. Leider ist es weder noch. Julian erklärt mir, dass diese Wälder links und rechts der Straße allesamt nur ein paar Jahrzehnte alt sind. An ihrer Stelle haben sich bis vor Kurzem ebenfalls noch Kohlegruben befunden, die sich seit Jahrzehnten wie Strudel in Kreisbewegungen durch die Landschaft baggern. Und die Straße hat diesen Gruben in der Vergangenheit eben regelmäßig ausweichen müssen.

Es fällt mir schwer, mein Gefühl für diese Gegend hier zu beschreiben. In ihrer Mischung aus Natur und dem offensichtlich menschlichen Einfluss ist es ein wenig so, wie ich mir die Umgebung von Tschernobyl vorstelle. Eine eigenartige Stimmung liegt in der Luft, aber zumindest ist sie hier nicht radioaktiv – zumindest hoffe ich das stark. So ganz genau kann man es in der ehemaligen DDR ja nicht wissen. Bevor ich mich aber mit meiner Gedankenspirale vollkommen in den Wahnsinn treiben kann, erreichen wir schon das Ende der eigenartigen Straße und stehen plötzlich vor ihm: dem Tagebau Nochten. Und Mann! Das ist eine ganz andere Hausnummer. Ich kann das Ausmaß der Zerstörung hier weder wirklich fassen noch angemessen beschreiben. Es sieht ganz und gar nicht aus wie in Tschernobyl. Beim Blick vom Aussichtsturm auf die rotbraune Kraterlandschaft unter uns fühle ich mich eher wie auf dem Mars. Jemand sollte dringend Elon Musk informieren! All das, was ich vorher über die Lausitz und diese Kohlegruben gelesen habe, füllt sich jetzt langsam mit Bedeutung. Mit Blick auf diese unfassbare Leere vor mir, kann ich mir bildlich vorstellen, wie Tagebaue wie dieser Tausenden von Menschen in der Lausitz ihre Heimat nehmen konnten. Wo ich heute eine nicht enden wollende Einöde sehe, haben einst Dörfer gestanden – auch von Sorben und Sorbinnen bewohnte Dörfer. Deren Bevölkerung ist irgendwann ungefragt ausgesiedelt worden, um Platz für die Zukunft zu machen. Julian betont zwar mit Nachdruck, dass diese Leute nicht deswegen ausgesiedelt worden sind, weil sie Sorben waren. Es geschah vielmehr, obwohl sie Sorben waren. Ich weiß nicht, wie viel das ändert.

Dennoch sind einige Reste der sorbischen Kultur der Region auch hier noch zu finden. Nach unserem Abstieg vom Turm setzen wir uns in den Njepila-Hof im nahe gelegenen Örtchen Rohne/Rowno. Hier hat Anfang des 19. Jahrhunderts der namensgebende Herr Njepila auf Alltagssorbisch über sein Leben als Bauer geschrieben. Ein sprachlicher Schatz, wie man ihn wirklich nicht in vielen Kleinsprachen hat. Heute wird der Ort als Kulturbegegnungsstätte betrieben. Da es gerade kurz vor Ostern ist – was in der Lausitz mit Osterreiten und Eiermalen enorm zelebriert wird – ist an diesem Samstag auch einiges los am Hof und Julian unterhält sich bei der Gelegenheit mit zwei älteren Damen in Tracht. Er ist gleich ganz begeistert: Sie sprechen sogar noch den alten Übergangsdialekt der Region! Ich versuche, dem Gespräch so gut ich kann, zu folgen. Das eine oder andere Wort schnappe ich auf, aber zu meiner Enttäuschung muss ich feststellen, dass mich meine Kroatischkenntnisse hier nicht wirklich weiter bringen.

Viel Optimismus strahlen die Damen laut Julian nicht aus. Angesprochen auf die Situation der Sprache meinen die beiden, das absehbare Ende des Kohletagebaus würde wohl auch das Ende ihrer Kultur hier bedeuten. Die jungen Menschen würden dann endgültig in die Städte ziehen und das Sorbische hinter sich lassen. Damit sind wir schon wieder bei dem Problem, auf das mich auch Christoph aufmerksam gemacht hat: Nicht so sehr die Politik, sondern die alltäglichen Schwierigkeiten stellen die sorbische Kultur hier vor Herausforderungen. Es ist erschütternd, wie komplex dieses Thema doch ist. Der Tagebau zerstört einerseits seit Jahrzehnten die Lebensgrundlage und sogar ganze Dörfer der sorbischen Gemeinschaft. Andererseits ist er aber auch einer der wenigen Arbeitgeber, der es über die letzten Generationen Sorben und Sorbinnen ermöglichte, in ihrer eigenen Region Arbeit zu finden.

Meine Stimmung trübt sich zunehmend und Julians weiterer Reiseplan für den Nachmittag macht erst mal wenig Hoffnung auf eine Verbesserung. Vom Hof fahren wir nämlich weiter in das nahe gelegene Dorf Mühlrose/Miłoraz. Dort wird die Geschichte des letzten Jahrhunderts greifbar wie kaum woanders. Der Ort wird nämlich gerade ausgesiedelt, um Platz für mehr Tagebau zu machen. Im Jahr 2022! Wir fahren also langsam durch die Straßen des Ortes, in denen einige Häuser noch stehen und auch bewohnt scheinen, während die der Nachbarn schon abgerissen werden. Die hier verbliebenen Menschen sind gezwungen, das Verschwinden ihres eigenen Dorfes mitanzusehen. Julian fasst es gut in Worte, wenn er das Ganze als „Psychoterror" bezeichnet. Ich habe bei all diesen Erfahrungen jedenfalls einen zunehmend großen Kloß im Hals.

Zum Glück haben wir damit den Tiefpunkt unserer gemeinsamen Reise erreicht. Und es gibt in der Oberlausitz dankenswerterweise auch Orte, an denen es um die sorbische Sprache und Kultur deutlich besser steht als hier. Es geht um das sogenannte katholische Dreieck zwischen Kamenz/Kamjenc, Hoyerswerda/Wojerecy und Bautzen/Budyšin – das Zentrum der sorbischen Sprache in Sachsen. Das will ich unbedingt sehen, auch nach allem, was Christoph mir an meinem ersten Tag in Bautzen darüber erzählt hat.

In Hoyerswerda machen wir unterwegs noch einen kurzen Zwischenstopp für einen Snack. Die Stadt ist – wie soll man es anders sagen – eindrücklich. Das ursprünglich kleine Örtchen hätte nämlich in der DDR aus irgendeinem Grund zu einer Vorzeige-Arbeiterstadt werden sollen. Um das zu erreichen, wurde es vom Regime in kürzester Zeit auf seine zehnfache Größe aufgeblasen. Das absolut vorhersehbare Ergebnis dieser Wahnidee ist die sowjetisch wirkende Dystopie, die sich mir ab Stadteinfahrt von allen Seiten eröffnet. Breite Boulevards, auf denen die wenigen Autos fast verschwinden. Links und rechts Reihen an trostlosen Plattenbauten, die nun teilweise wieder abgerissen werden und gespenstische Leerstellen hinterlassen. Die Gesichtsausdrücke der wenigen Menschen, die ich am Straßenrand sehe, sind entsprechend wohlgelaunt. Es ist einfach grau. Der makabere Teil in mir findet es hier aber doch charmant. Es ist diese ganz besondere Form des Brutalismus ohne jeglichen Respekt für Mensch oder Natur, wie man ihn fast nur in postsozialistischen Staaten findet. Stadtplanung als Selbstzweck eben. Im ehemaligen Jugoslawien habe ich ganz ähnliche Städte immer wieder gesehen und vielleicht kommt auch daher meine völlig unangebrachte Nostalgie. Große Reiseempfehlung!

Aber Julian und ich lassen Hoyerswerda trotzdem hinter uns. Von hier geht es dann schon direkt über in das katholische Dreieck. Julian ist während der gesamten Fahrt ununterbrochen auf Straßenschilder und Ortstafeln fixiert und kommentiert diese laufend. Beeindruckenderweise schafft er das sogar, ohne seinen Blick von der Straße zu lösen, wofür ich ihm ewig dankbar bin. Er hat auch seinen Grund für das Ausschau halten. Julian und einige Mitstreitende haben nämlich erst vor Kurzem erreicht, dass auf den Tafeln die deutschen und sorbischen Ortsnamen in gleicher Größe angebracht sein müssen. So begleiten wahlweise erfreute oder enttäuschte Ausrufe wie „Ach schau! Hier ist eine neue Tafel!" oder „Die haben noch die alten!" unseren Weg hinein ins Dreieck. Die Sichtbarkeit der sorbischen Sprache ist Julian offensichtlich sehr wichtig und ich glaube, er hat damit ganz recht. Eine zahlenmäßig kleine

Minderheit kann von der Mehrheitsbevölkerung nur wahrgenommen werden, wenn es deutlich sichtbare Repräsentation gibt. Man muss die Menschen schon mit der Nase drauf stupsen.

Mit jedem Kilometer, den sie „sorbischer" aussehen, werden die Dörfer auch zunehmend katholischer. Man sieht es ihnen geradezu an! An den Kirchen, an den Kruzifixen am Straßenrand, ja irgendwie sogar an den Leuten. Ich könnte zumindest schwören, die Menschen gehen hier leicht gebückter als in Hoyerswerda oder Bautzen. Das bringt die Papsttreue wohl einfach so mit sich. Generell ist das eine ungewöhnliche Sache hier. Dieses sorbische Kerngebiet ist eine der ganz wenigen katholischen Inseln in der gesamten ehemaligen DDR! Und das ist auch kein Zufall. In der weniger national geprägten Katholischen Kirche konnte sich das Sorbische in der Vergangenheit besser erhalten als in evangelischen Gebieten weiter nördlich und in der Niederlausitz.[12] Es ist also nicht unbedingt so, dass alle Sorben und Sorbinnen immer schon katholisch waren. Vielmehr ist es so, dass die Evangelischen unter ihnen sich schneller ins Deutsche assimilierten. Diese Bedeutung der Katholischen Kirche für die Minderheit kenne ich von zu Hause in Koroška. Auch da ist es vor allem der Gottesdienst, in dem man selbst in den schwierigsten Zeiten noch Slowenisch zu hören bekommen hat. Man tut es auch heute noch.

Neben dem Blick auf die Ortstafeln kommentiert Julian für mich auch von Dorf zu Dorf die ungefähre Verbreitung des Sorbischen als Alltagssprache. Erst sind es noch um die dreißig Prozent, dann fünfzig, dann siebzig und dann, ja dann erreichen

---

[12] Wer weiß: Vielleicht half es aber auch ... ich weiß nicht ... dass man ihre Dörfer hier nicht abgebaggert hat?!

wir Crostwitz/Chróścicy. Dieses Dorf gilt als absolutes Epizentrum des Sorbentums. Julian beschreibt es so: katholisch, konservativ und Sozialkontrolle bis ins Letzte. Wie immer ist er in seiner Wortwahl gleichermaßen eloquent wie unromantisch. Er hat auch sicher recht. Gleichzeitig sind es aber genau Orte wie Chróścicy, wo die sorbische Sprache tatsächlich noch in allen Bereichen des Alltags verwendet werden kann und wird. In der Familie, auf der Straße, in der Kirche, in der Schule – hier erfüllt die Sprache noch alle Funktionen. Insbesondere für den letzten Punkt ist Crostwitz geradezu berühmt. Im Jahr 2001 sollte hier nämlich die alte Mittelschule geschlossen werden – eine von damals sechs Mittelschulen mit sorbischer Unterrichtssprache.[13] In einem seltenen Moment des Aufbegehrens hat sich dagegen sorbischer Widerstand gebildet und der Unterricht ist wochenlang illegal weitergeführt worden. Das Fernsehen hat vor Ort berichtet, EU-Parlamentarier haben gesprochen, der sächsische Kultusminister ist gar mit Gemüse und Eiern beworfen worden. Geholfen hat das alles allerdings nichts und die Schule ist am Ende doch geschlossen worden. Ihre Legende lebt dennoch fort. Julian erzählt mir, wie in einem politischen Sketch vor Kurzem der Ausspruch kam: „Ich war in Crostwitz an der Schule. Da war sogar der Deutschunterricht auf Sorbisch."

Nach dieser letzten Ernüchterung fahren wir zurück nach Budyšin. Ich bedanke mich noch mal so herzlich ich nur kann bei Julian und verabschiede mich. Es ist keineswegs selbstverständlich, wie viel Zeit er sich für mich genommen hat und wie unfassbar viel ich gelernt habe. Es bedeutet aber auch das Ende meines Aufenthalts und damit das Ende meiner ersten Reise.

---

13 Heute sind es noch vier.

Ich gönne mir für meinen letzten Abend noch ein Senfschnitzel im Bautzener Senfrestaurant. Und ob du es glauben willst oder nicht: Das kann ich tatsächlich nur empfehlen! Bei ein paar Kühlen im *Alten Bierhof* lausche ich abschließend noch dem süßlichen Sächsischen, bevor mich Müdigkeit und Bier dann doch in die Knie zwingen und ich mich ein letztes Mal in mein Zimmer am Hauptmarkt zurückziehe. Morgen geht es mit dem Zug über Dresden und Prag nach Wien. Was bleibt, ist ein eigenartiges Gefühl von Vertrautheit. Die Landschaft, die Sprachen, die Ortstafeln, die Minderheit der Sorben und Sorbinnen. Es erinnert mich alles gespenstisch an daheim.

Die sächsischsprechenden Niemands

Eine Sache geschieht unweigerlich, wenn man sich vornimmt, ein Jahr lang durch halb Europa zu reisen und Menschen in den unterschiedlichsten Grenzregionen kennenzulernen: Es bleibt wenig Zeit zum Nachdenken. Denn ein Jahr klingt nach viel, ist es aber nicht. In Wirklichkeit konzentrieren sich die Reisen fast von alleine auf Frühling und Sommer. In dieser Zeit finden immerhin viele größere Veranstaltungen statt und diese sind oft die besten Möglichkeiten, mit vielen Menschen auf einmal ins Gespräch zu kommen. So dauert es nicht lange nach meiner Rückkehr aus der Lausitz, bis Anfang Juni das erste große Event des Jahres für mich ansteht. Es geht ins fränkische Dinkelsbühl für eine Veranstaltung, die ich zumindest in der Theorie schon seit Jahren kenne und auf die ich mich seit Monaten freue: den Heimattag der Siebenbürger Sachsen!

Die Siebenbürger Sachsen und Sächsinnen sind wahrscheinlich vielen in Deutschland ein Begriff. Insbesondere im Süden des Landes kann gefühlt jeder Ort – egal wie klein und abgelegen er auch sein mag – mit einer siebenbürgisch-sächsischen Tanzgruppe oder einem Trachtenverein aufwarten. Aber wie der Name vermuten lässt, waren diese Menschen natürlich nicht immer in Süddeutschland ansässig – und schon gar nicht in Sachsen. Sie stammen vielmehr aus Siebenbürgen im heutigen Rumänien.

Ich bin mit Mitgliedern dieser Gemeinschaft immer wieder in Kontakt gekommen, seit ich vor etwas über sechs Jahren am Münchner Institut für deutsche Kultur und Geschichte Südosteuropas zu arbeiten begonnen habe. Dieses Institut ist traditionell stark siebenbürgisch geprägt – sowohl unter den Mitarbeitenden wie auch unter den Leserinnen und Lesern. Mir wird heute noch warm ums Herz, wenn ich an die oftmals kuriosen Anrufe denke, die ich dort im Büro entgegengenommen habe. Wie mir dieser vielleicht süßlichste aller deutschen Akzente in die Ohren geflossen ist[14] ... Daher bin ich ungemein aufgeregt, jetzt endlich selbst am Heimattag teilnehmen zu können. Er ist das größte Event der siebenbürgisch-sächsischen Gemeinschaft in Deutschland und zieht alljährlich sage und schreibe 20.000 Menschen in das kleine Dinkelsbühl in Mittelfranken. Nur für den Kontext: Dinkelsbühl hat eine Bevölkerung von 12.000. Ohne zu viel Übertreibung ist der Heimattag also eine verdammt große Angelegenheit. Und vor allem: Dieses Jahr findet er nach zweijähriger Coronapause zum ersten Mal wieder statt. Es kann nur etwas Besonderes werden.

Übrigens: Du kannst meine Reisen für dieses Buch auch in Fotos und Videos mitverfolgen! Ich habe über 50 davon für die Empfänger und Empfängerinnen meines Newsletters zusammengestellt.
Melde dich einfach unter ralfgrabuschnig.com/newsletter an und du bekommst sofort den Link. Natürlich ist der Newsletter kostenlos und mit einem Klick stornierbar.

Aber ganz alleine auf ein solches Großevent zu fahren, wäre auch langweilig. Außerdem fühle ich mich als Nichtsachse etwas außen vor und organisiere mir daher kurzerhand Paul zur Unterstützung. Er ist Mitglied im Déjà-vu Club – der Gemeinschaft meines Podcasts – und ich kenne ihn aus unseren monatlichen Video-Calls dort. Vor allem ist er aber selbst ein junger Siebenbürger Sachse, der in Kronstadt/Brașov in Rumänien

---

14 Über die Inhalte der Gespräche reden wir lieber nicht. Da ging es meist um verletztes Ego und „warum ist mein Artikel eigentlich immer noch nicht erschienen, Herr Grabuschnig?!"

geboren wurde und jetzt in der Nähe von Augsburg lebt. Das passt doch ganz wunderbar!

Freundlicherweise laden er und sein Vater mich gleich am Freitag vor dem Heimattag zu sich nach Hause ein. Der Einstieg könnte somit kaum passender sein. Als wir abends in ihrer kleinen Küche beim selbst gebrauten Kombucha[15] zusammensitzen, erzählt Pauls Vater von seiner Flucht aus Rumänien in den späten Achtzigerjahren. Es ist eine wilde Geschichte, wie sie sich in der Zeit des sozialistischen Rumäniens tausendfach wiederholt hat. Er erklärt, wie er damals Schlepper für die Fluchthilfe hat bezahlen müssen und wie er am Ende trotzdem gleich hinter der Grenze von der jugoslawischen Polizei festgenommen wurde. Zwanzig Tage lang ist er in Nordserbien im Gefängnis gesessen. Das sieht er aber nicht unbedingt negativ. Er betont sogar geradezu, dass es dort dreimal täglich Fleisch und warmes Brot zu essen gegeben habe. Das gab es im kommunistischen Rumänien der Zeit schon lange nicht mehr! Außerdem war er als Siebenbürger Sachse auch gewissermaßen im Vorteil. Die BRD bemühte sich aktiv, ihm eine Weiterreise nach Deutschland zu ermöglichen, wogegen rumänische Geflüchtete eher mit der Rückführung durch die jugoslawischen Behörden zu rechnen hatten.

Mit diesen irren Geschichten im Kopf und einer zu großen Menge fragwürdigen Kombuchas im Bauch geht es ins Bett und ich bin noch gespannter als davor, was mich morgen wohl erwarten wird. Erholsam ist meine Nacht in Schwaben aber leider ganz und gar nicht. Das kleine Dorf scheint den lokalen Jugendlichen wenig zu bieten. Sie versammeln sich also ab

---

[15] Wenn du nicht weißt, was das ist: Erspar dir den Würgereiz und google es nicht!

Mitternacht mit ihren vollkommen unnötig lauten Karren auf dem Parkplatz vor Pauls Haus, lassen die Motoren aufheulen und unterhalten sich lautstark über – wie könnte es anders sein – ebenjene Autos. Ich wäre ja gerne wütend, aber es ist ein zu trauriger Anblick. Also Ohrstöpsel rein und weiterschlafen. Lange habe ich ohnehin nicht, denn um sechs Uhr geht schon der Wecker. Uff. Das ist auch unter den besten Umständen keine Zeit, zu der ich gerne aufstehe und nach einer solchen Nacht noch viel weniger. Aber wir haben doch eine überraschend lange Anreise vor uns.

Nach einem Notfallkaffee geht es mit dem Auto schnurstracks zum Bahnhof nach Augsburg und von dort dank 9-Euro-Ticket mit einer nicht enden wollenden Reihe an Regionalzügen weiter nach Dinkelsbühl. Das sehe ich im Nachhinein als eine ziemlich mutige Entscheidung an. Immerhin ist es das erste 9-Euro-Ticket-Wochenende und man hört aus ganz Deutschland von Bahnchaos. Damit meine ich: noch mehr Bahnchaos als ohnehin schon. Die Deutsche Bahn ist auch unter den besten Bedingungen nichts weniger als eine Blamage für das ganze Land. Die Statistiken sind erschütternd: Kaum mehr als zwei Drittel aller Fernzüge kommen in Deutschland pünktlich an ihr Ziel. In der Schweiz sind es zum Vergleich ganze 96 Prozent! Es ist für mich immer wieder ein Schock, wie schlecht das Bahnsystem in Deutschland tatsächlich funktioniert, wo das Land ansonsten doch so einen modernen Ruf genießt. Aber vielleicht ist es auch andersrum und man sollte den Ruf einfach mal ganz allgemein infrage stellen. Ein Blick auf die Qualität des Handyempfangs, während man wieder mal mit dem ICE irgendwo in der Gegend rumsteht, würde diese Schlussfolgerung zumindest zulassen.

Dieses Mal ist die Deutsche Bahn aber tatsächlich nicht

unser größtes Problem. Das Abenteuer beginnt für uns vielmehr schon im Auto nach Augsburg. Wir sind spät dran und das Leck im Kühlmitteltank von Pauls Auto trägt nicht unbedingt zu meiner Zuversicht bei. Vielleicht hätte ich mir meinen Kaffee doch sparen sollen. Die fünf Minuten könnten den Unterschied machen. Angespornt durch die regelmäßigen „Gib Gas, Junge!"-Rufe vom äußerst hilfreichen Vater auf der Rückbank bringt uns Paul aber doch gerade rechtzeitig zum Bahnhof. Mehrere schockierend verspätungslose Regionalzüge und einen Bus später stehen wir am frühen Nachmittag dann auch schon am Busbahnhof in Dinkelsbühl.

Wobei „Busbahnhof" eigentlich schon zu viel gesagt ist. Es ist eigentlich nicht viel mehr als ein großer Parkplatz etwas außerhalb der Stadt, idyllisch neben der Hauptzufahrtsstraße gelegen. Trostlos. Zu allem Überfluss hat es während der Busfahrt auch noch zu regnen begonnen. So stehen wir nun also da, müde, demotiviert und mit jeder Minute nasser. Paul und ich laufen kurz entschlossen zur Hauptstraße hinauf und setzen uns erst mal in den McDonald's. Das ist auf solchen Reisen ohnehin immer mein Notfallplan. Erst mal Kaffee, den Regen abwarten und mich innerlich auf den Tag vorbereiten. Nur: Worauf ich mich hier eigentlich vorbereiten soll, weiß ich noch immer nicht. Dass der Heimattag etwas Besonderes ist, ist mir zwar bewusst. Wir merken es auch im McDonald's schon, an dessen Tür ganz groß die gesonderten „Öffnungszeiten Siebenbürger" angeschrieben stehen. Irgendwas müssen die betrunkenen Sächsinnen und Sachsen hier um zwei Uhr morgens doch essen. Aber was genau ich in diesen kommenden Stunden erwarten kann, ist mir ziemlich unklar.

Der nicht vorhandene Plan scheint trotzdem erst mal aufzugehen. Nach etwa einer halben Stunde lässt der Regen vor dem

McDonald's-Fenster nach. Wir machen uns also auf und begeben uns auf die Suche nach unserem Übernachtungsplatz. Mich fröstelt es beim Verlassen des Restaurants noch immer in den nassen Klamotten und ich ärgere mich mal wieder über mich selbst. Wir könnten uns jetzt auch auf den Weg in ein warmes Hotelzimmer in der Innenstadt machen. Das tun die allermeisten der älteren Siebenbürger Gäste gerade. Aber nein! Ich habe mich mal wieder hip, jung und geizig gefühlt und mich stattdessen für den Zeltplatz der Siebenbürgisch-Sächsischen Jugend entschieden. Ein Tag im Matsch also – gute Leistung, Ralf. Und so stapfen Paul und ich los auf der Suche nach dem ominösen Jugendgelände.

Ich weiß wirklich nicht, was ich mir vom Zeltplatz genau erwartet habe. Das, was uns bei unserer Ankunft begrüßt, ist es aber nicht gewesen. Der Campingplatz wirkt wie der eines großen Musikfestivals. Vor uns Zelte so weit das Auge reicht, und die Gäste – meist Leute in ihren frühen Zwanzigern – betrinken sich schon jetzt am frühen Nachmittag hoffnungslos. Auf den ersten Blick könnte das hier genauso gut *Rock im Park* sein, denke ich mir noch. Es gibt nur einen großen Unterschied: Aus den Boxen vor den Pavillons ertönt nämlich keine Rockmusik, sondern Schlager. Ausgerechnet Schlager! Ich bin ganz entzückt. Paul und ich passen uns der Menge an. Wir tun uns auch keinen großen Aufwand an, werfen unser Zelt auf das erste freie Stück Boden, das wir finden, und machen uns gleich wieder auf, den Campingplatz zu erkunden.

Langsam werden die Unterschiede zu jedem beliebigen 08/15-Festival doch deutlicher. Wir laufen gleich neben dem Eingang zum Zeltplatz an ein paar Leuten vorbei, die Informationen über ihre Vorfahren in Siebenbürgen suchen. Auf einem großen Schild stehen da fünf oder sechs Nachnamen, über die sie mehr erfahren möchten. Ich habe aber ehrlich gesagt wenig Hoffnung für die Guten. Die Namen gehören allesamt zu den absoluten Klassikern der siebenbürgischen Welt: Gündisch, Schuster, Wagner ... Das könnte eine längere und enttäuschende Suche werden, denke ich mir, spreche es aber lieber nicht laut aus. Die Geschichte hinter der Suche ist aber doch spannend! Die nette Frau erzählt, dass einer ihrer Vorfahren im Jahr 1941 von Siebenbürgen nach Schlesien ausgewandert sein soll, wo sich seine Spur dann verläuft. Ein anderer ist 1943 ganz von der Bildfläche verschwunden. Und nun versucht sie eben, die Puzzlestücke irgendwie wieder zusammenzuführen. Vor solchen Mysterien stehen wahrscheinlich nicht wenige, die sich erstmals mit ihrer siebenbürgischen Familiengeschichte befassen.

Das ist ohnehin eine Sache, die mir hier bei vielen der jungen Gäste auffällt. Da Paul und ich uns kurzerhand zur Ahnenforscherin am Eingang gesellen – immerhin stehen da Sofas rum! – kommen wir im Lauf der nächsten Stunden mit einigen Vorbeigehenden ins Gespräch. Von Siebenbürgen als Land scheinen die meisten inzwischen doch weit entfernt zu sein. Die meisten kennen es offenbar nur als Urlaubsort und sie sind allesamt in Deutschland geboren. Das ist auch nicht verwunderlich, wenn man bedenkt, dass die allermeisten Sachsen und Sächsinnen spätestens in den Neunzigerjahren nach Deutschland ausgewandert sind.

An oberflächlichen Identitätsgeschichten mangelt es Teilen der Jugend hier trotzdem nicht. Ein besonders großkotzig auftretender Kerl erzählt uns ganz stolz, dass seine Großeltern aus Kronstadt kommen und er selbst *natürlich* mit einer Sächsin verlobt sei. Dann verbringt er zwanzig Minuten damit, uns zu erklären, wie ein rumänischer Stadtführer in Hermannstadt mal zu ihm sagte, er wünsche sich die Sachsen zurück.[16] Im Kopf dieses jungen Herrn scheint das nun für alle Rumänen und Rumäninnen zu gelten. Die können es allesamt kaum erwarten, dass die Deutschen endlich wieder zurückkommen! Er hätte diesem Stadtführer mal lieber besser zugehört, dann würde er uns nicht weismachen wollen, das Kronstädter Wahrzeichen, die Schwarze Kirche, stünde in Hermannstadt ... Aber gut. Man kann offensichtlich auch nicht zu viel erwarten. Er schwafelt weiter, aber zu meinem Glück kann ich mich mit dem Klang von *Atemlos* im Hintergrund ganz gut ablenken:

„... und als der Stadtführer dann ankam und sagte ..." ... DURCH DIE NACHT, SPÜR WAS LIEBE MIT UNS MACHT... „... und die Kirche in Hermannstadt, du weißt ja ..." ... SCHWINDELFREI, GROSSES KINO FÜR UNS ZWEI ... Verdammt, ich brauche ein Bier.

Es scheint fast, als hätten die Planerinnen und Planer hier an mich gedacht. Nur ein paar hundert Meter vom Campingplatz steht das Festzelt und der Abend bricht auch langsam an! Paul und ich verabschieden uns also von unseren neuen Freunden und machen uns auf den Weg dorthin. Und was für ein Anblick das Festzelt ist! Schon wieder überkommt mich das alte Gefühl aus der Lausitz. Ich fühle mich sofort daheim, wobei das hier doch eindeutig andere Gründe hat. Dieses Festzelt erinnert mich nicht an Kärnten oder meine Kindheit. Es erinnert mich einfach an die sechs Jahre meines Lebens, die ich in Bayern zugebracht habe. Auf der Bühne spielt – wie könnte es anders sein – eine Schlagerband, es fließt maßweise das Bier, die Men-

---

16 Disclaimer an der Stelle: Ich glaube ihm die Geschichte nur sehr bedingt und das würde ich dir auch raten. Oh, und die zwanzig Minuten waren dafür meinerseits gelogen. Es waren vielleicht drei oder vier. Aber glaub mir: Sie haben sich so lange angefühlt.

schen stehen auf den Bierbänken und grölen zu den Liedern mit. Wenn ich es nicht besser wüsste, würde ich es fast für das Oktoberfest halten. Es ist ein absoluter Traum, wenn auch kein allzu siebenbürgischer. Paul und ich steigen mit Freude ein, bestellen uns Bier und grölen mit. Gegen Ende spielt die Band dann sogar noch ein paar rumänische Hits und die Leute freuen sich sichtlich. Ich mich nach der vierten Maß auch, selbst wenn das von mir so heiß ersehnte *Dragostea din tei* einfach nicht kommen will. Aber was für ein Abend!

Am nächsten Morgen wache ich im Zelt auf und wundere mich erst mal. An den Heimweg kann ich mich nicht erinnern. Mein Körper scheint den Abend *grundsätzlich* einfach vergessen zu haben. Zumindest ist das meine einzige Erklärung. Ich habe nicht genau mitgezählt, aber vier Maß und vier Stunden Schlaf sind eine realistische Schätzung für die letzte Nacht. Und dabei nicht mal ein Hauch von Kopfweh! Das leise Klopfen am Zeltdach und die kleine Pfütze in der hinteren Ecke teilen mir aber leider mit, dass es in der Zwischenzeit wohl wieder zu regnen begonnen hat. Wir sollten hier raus. Nach ein paar Anläufen schaffe ich es dann auch, Paul aus dem Koma zu erwecken und mit unseren besten (immer noch miserablen) Regenjacken bewaffnet machen wir uns nach einem schnellen Kaffee bei McDonald's auf in Richtung Dinkelsbühler Innenstadt. Denn heute am Sonntag findet die eigentliche Hauptattraktion des Heimattags statt: der Trachtenumzug!

All die betrunkenen Jugendlichen vom Vorabend haben es offenbar geschafft, heute Morgen aus ihren Zelten zu kriechen und sich in Schale zu werfen. Und jetzt stehen sie in Reih und Glied in der Dinkelsbühler Altstadt. Nach ihren Siebenbürger Heimatorten gegliedert ziehen sie in fast hundert Gruppen durch die Straßen und wir schauen ihnen fasziniert von unserem warmen Plätzchen in einem Café aus zu. Paul erspäht sogar eine Gruppe aus seinem Heimatort Neustadt/Cristian bei Kronstadt und kommt im Anschluss mit einigen von ihnen ins Gespräch. Im Anschluss an den Umzug steht noch der große Gemeinschaftstanz auf dem Programm, wir müssen uns aber leider langsam auf den Weg zum Bus machen. Und ich muss sagen: Ich fahre mit einem durch und durch positiven Gefühl ab, selbst wenn sich inzwischen die nasse Kälte und ein verspäteter Kater gewaltig bemerkbar machen.

Trotz einer gewissen Oberflächlichkeit und dem nicht unbedingt „sächsischen" Charakter des Fests, waren die jungen Leute dort ungemein warmherzig – gerade für meine gewohnten Festivalverhältnisse. Man merkt ihnen an, dass sie hier eine Gemeinschaft für sich gefunden haben, auch wenn diese schon lange nicht mehr durch eine gemeinsame Heimat definiert wird oder definiert werden kann. Zumindest kommt es mir so vor. Stattdessen wird die Zusammengehörigkeit genau auf Events wie diesem in Erinnerung gerufen. Viele der Besucher und Besucherinnen haben mir erzählt, dass sie schon als Kinder jedes Jahr zum Heimattag gefahren sind. Oft nahmen ihre Großeltern sie mit und statteten sie bei der Gelegenheit auch gleich mit Konfirmationstrachten oder Ähnlichem aus. Es leuchtet mir schon ein, dass die Trachten, der Tanz und die Gemeinschaft etwas entsprechend Besonderes für sie sein müssen. Wohl die wenigsten Gäste auf dem Zeltplatz würden Siebenbürgen ernsthaft als ihre Heimat bezeichnen. Aber es ist doch Teil von ihnen.

Bei vielen der älteren Gäste hier ist das doch anders. Im Gegensatz zu ihren Kindern und Enkelkindern ist Deutschland sicher nicht für alle Ausgewanderten eine neue Heimat geworden. Aber auch sie kommen nach Dinkelsbühl, um alte Freunde wiederzusehen und sich so vielleicht gemeinsam die Erinnerung

an die alte Heimat zu bewahren. Pauls Vater – selbst eigentlich ein erklärter Heimattag-Muffel – kann uns auf unsere Geschichten hin auch gleich Konkreteres zu einigen dieser Teilnehmenden berichten. „Ach die Schusters waren auch da, das waren unsere ersten Nachbarn, schön." Oder: „Ach ja die Roths, die waren die zweiten dahinter".
Es ist schon eine faszinierende kleine Welt, dieses siebenbürgische Deutschland.

Glück in der Ferne

Man könnte sogar das Argument vorbringen, dass es gerade Orte wie Dinkelsbühl und der Heimattag sind, an denen man heute die besten Einblicke in die Welt der Siebenbürger Sachsen und Sächsinnen erhaschen kann. Zumindest ist es eine unumstößliche Tatsache, dass die allermeisten Mitglieder der Gemeinschaft heute in Deutschland leben und nicht in Rumänien. Aber doch ist mir von Anfang an klar gewesen, dass ich auch nach Siebenbürgen muss. Es ist immerhin dieser alte Grenzraum im Karpatenbogen, der die Geschichte und in vielen Fällen die Identität der Siebenbürger Sachsen und Sächsinnen bis heute prägt.

Da stellt sich die Frage: Wie kam es denn dazu, dass im Mittelalter an diesem so weit entfernten Ort plötzlich deutschsprachige Siedler und Siedlerinnen auftauchten? Nun: Den großen Auslöser hinter all dem haben wir bereits kennengelernt. Es waren die europaweiten Veränderungen des Hochmittelalters. Die Siedlungsbewegung nach Siebenbürgen war letztendlich auch Teil der deutschen Ostsiedlung. Im Fall jener Menschen, die später als Siebenbürger Sachsen zusammengefasst wurden, ging dieser Prozess aber nicht von Akteuren im heutigen Deutschland aus. Initiator für die Ansiedlung war stattdessen König Géza II. von Ungarn. Der suchte um die Mitte des 12. Jahrhunderts nämlich Leute für das von ihm beherrschte, aber militärisch wie wirtschaftlich nicht sonderlich abgesicherte Siebenbürgen im Osten seines Reiches. Und inzwischen wusste man im Europa der Zeit nur zu gut, wo man diese finden konnte.

Schnell waren sogenannte Lokatoren zur Stelle, die sich in Westeuropa nach passenden Siedlern und Siedlerinnen für den König umsahen und diese in sein Land brachten. Für diese Dienste wurden sie wiederum vom König entlohnt – in Geld, attraktivem Land oder beidem. Oftmals erhielten sie sogar lokale Macht als Dorfvorsteher oder städtische Patrizier. Die Rekrutierung ging anfangs wohl vor allem im äußersten Westen des heutigen Deutschlands vor sich, darüber hinaus in Luxemburg, Belgien und womöglich den Niederlanden. Zumindest ist das heute die vorherrschende Theorie auf Basis der siebenbürgischen Dialekte und ihrer möglichen Herkunft. Ganz genau benennen kann man es aber nicht und im Zuge späterer Migrationsbewegungen wurden die Ursprungsgebiete der nach Siebenbürgen siedelnden Menschen noch deutlich diverser.

Allzu viel gemeinsam hatten diese ersten Neuankömmlinge also nicht. Sie sprachen mit Sicherheit unterschiedliche Varietäten des Deutschen oder – im Fall von Flamen und vielleicht Wallonisch-Sprechern – nicht mal Deutsch. Konsequenterweise gab es somit auch keinen einheitlichen Gruppennamen für diese Leute. Dieses Wort *sächsisch* setzte sich erst mit der Zeit als Fremdbezeichnung durch. Ungarische staatliche Akteure begannen irgendwann damit, diese Menschen als *Saxones* zu bezeichnen, und meinten damit wohl die Privilegien, die zuvor

Bergleuten in Sachsen gewährt worden waren. Aber das war mehr oder weniger Zufall. *Sächsisch* galt für sie damals als eine Art Sammelbegriff für alle freien Deutschen. Anderswo wären dieselben Menschen zur selben Zeit *fränkisch* genannt worden. Es ist aber letztendlich auch egal. Mit der Zeit übernahmen die Menschen auch selbst den Namen, wurden zu den Siebenbürger Sachsen und verwirren uns damit bis heute.

Wenn sie somit auch nicht sonderlich viel gemeinsam hatten: Eine zentrale Sache zeichnete diese Leute doch schon von frühester Zeit an aus und unterschied sie deutlich von anderen Bevölkerungsgruppen in Siebenbürgen. Sie genossen als Neuankömmlinge außergewöhnliche Rechte innerhalb des ungarischen Königreiches! Das war immerhin der Grund, warum so viele bereit waren, ihre Heimat zurückzulassen und das Glück in der Ferne des Ostens zu suchen. Ihnen wurde hier einfach eine ganze Menge versprochen! Welche Rechte das zu Beginn genau waren, ist allerdings schwer zu sagen. Erst ab dem 13. Jahrhundert – also etwa hundert Jahre später – wurden diese durch den ungarischen König auch schriftlich kodifiziert. Man kann aber doch davon ausgehen, dass sie schon davor recht ähnlich ausgesehen haben dürften.

Siebenbürger Sachsen waren demnach freie Menschen, durften sich selbst verwalten, hatten ihre eigene Kirchenorganisation und verfügten frei über Gewässer und Wälder in ihren Gebieten. Sie genossen darüber hinaus Zollfreiheit und unterstanden bei internen Angelegenheiten nur ihrer eigenen Gerichtsbarkeit. Das waren mitunter Rechte, von denen andere Menschen in Siebenbürgen oder an vielen anderen Orten Europas in der Zeit nur träumen konnten.

Trotz einiger brutaler Unterbrechungen in der Frühzeit ihrer

Ansiedlung[17] entwickelte sich die siebenbürgisch-sächsische Gemeinschaft auf dieser Basis bald schon sehr dynamisch und es entstanden in vielen Teilen Siebenbürgens sächsische Dörfer und sogar Städte wie das spätere Zentrum Hermannstadt – das heutige Sibiu. Die kulturelle Präsenz der Sachsen und Sächsinnen in Siebenbürgen ist als Resultat noch heute unübersehbar. Neben den Städten und Dörfern hinterließen sie besonders mit den Kirchenburgen ab dem 15. Jahrhundert ihr weithin sichtbares architektonisches Erbe. Um nämlich die Dörfer gegen Einfälle eines neuen Feindes – osmanischer Stoßtrupps – zu verteidigen, bauten die lokalen Gemeinschaften in jener Zeit kurzerhand Dorfkirchen zu Festungen um. Noch heute stehen davon etwa 160 Stück in der Gegend rum – und zerfallen leider in vielen Fällen. Gegen ein größeres Heer hätten sie wohl auch im 16. Jahrhundert schon wenig gebracht. Aber doch boten die Kirchenburgen einen gewissen Schutz für die turbulenten folgenden Jahrhunderte, in denen Ungarn durch das Osmanische Reich aufgeteilt und Siebenbürgen zu einem osmanischen Vasallenstaat wurde.

Die interne Festigung der Gruppe nahm in der Folgezeit weiter zu und bald unterschieden sich die Sächsinnen und Sachsen in noch einer Sache deutlich von den Menschen in ihrer Umgebung: Mitte des 16. Jahrhunderts kam die Reformation nach deutschem Vorbild nach Siebenbürgen – ein Beleg für die regen Kontakte sächsischer Händler und Gelehrter mit dem Westen. Diese Reformation fand in den Siedlungen um die Karpaten wahrlich reißenden Anklang. Bald waren quasi alle Deutschsprechenden in Siebenbürgen zum lutherischen Glauben über-

---

17 Etwa die Einfälle der Mongolen. Ganz ehrlich: Kann bitte endlich jemand etwas gegen diese Steppenvölker aus Zentralasien unternehmen?

getreten. Mangels Zentralkontrolle durch ein katholisches Herrscherhaus folgte aber auch keine brutale Gegenreformation, die sie wieder zurück in den „Schoß Roms" hätte führen können.[18] Bis heute sind als Resultat so gut wie alle Mitglieder der siebenbürgisch-sächsischen Community evangelischen Glaubens und die Kirche ist die mit Abstand wichtigste Kulturträgerin der Gemeinschaft in Rumänien.

Mit der Zeit nahm als Resultat all dessen auch der politische Einfluss der Siebenbürger Sachsen weiter zu. Wo die Deutschen zuvor zwar Sonderrechte besessen hatten, stiegen sie in der Neuzeit zu einer der drei bestimmenden politischen Gruppen Siebenbürgens auf. Im Rahmen der sogenannten Nationsuniversität wurden ihnen direkte Mitbestimmungsrechte gegenüber dem König zugestanden. Diese mussten sie nur mit dem ungarischen Adel und den Szeklern teilen – eine weitere ungarischsprachige Gruppe im Osten Siebenbürgens. Wie ich noch herausfinden würde, wird diese Tatsache von einigen besonders passionierten Sachsen noch heute gerne als eine Art frühe Demokratie dargestellt. Das ist freilich Blödsinn. Aber ich greife voraus ...

Ab hinter die Wälder

Es sind einige Wochen nach dem Heimattag vergangen und ich halte ein Ticket für den Nachtbus nach Hermannstadt in meiner Hand. Schon als ich am Busbahnhof Wien Erdberg aus der U-Bahn trete, kommt in mir eine neue Welle der Melan-

---

[18] Ich entschuldige mich hiermit in aller Form für diese Formulierung. Nichts, aber auch gar nichts, sollte im „Schoß" Roms oder der katholischen Kirche sein. Wir wissen alle, wie das endet.

cholie hoch: Wie oft bin ich in Studienzeiten von hier aus irgendwohin nach Osteuropa gefahren? Nach Budapest, Krakau oder Belgrad. Ganz zu schweigen von den Zagreb-Wien-Fahrten während meines Auslandsaufenthalts. Es hat sich in den zehn Jahren seitdem scheinbar auch rein gar nichts verändert! Der Busbahnhof ist noch heute das, was er schon immer war: ein Stück Osteuropa mitten in Wien. Die Menschen sitzen um die wartenden Busse herum, rauchen eine Zigarette nach der anderen oder spucken wahlweise Sonnenblumenkerne auf den Boden. Welches der beiden es ist, korreliert recht eindeutig mit der Destination ihres Busses. Sonderlich schön anzusehen ist der Ort jedenfalls nicht. Gemütlich zu warten genauso wenig. Aber auch das ist Heimat.

Dass Wien noch immer ein so wesentliches Zentrum für ganz Mittel- und Osteuropa ist, bringt aber nicht nur Vorteile mit sich. Eine negative Folge davon bekomme ich gleich beim Einsteigen in den Bus zu spüren: Er ist wirklich hoffnungslos überfüllt! Jeder einzelne Platz in meinem Flixbus ist ausgebucht. So viel zu meiner Hoffnung, vielleicht einen freien Nachbarsitz zu haben und während der zwölf Stunden Fahrt nach Hermannstadt zumindest ein wenig schlafen zu können. Ich setze mich also leise grummelnd an meinen Fensterplatz in der hintersten Reihe und harre dessen, was kommt. Und oh, wie es kommt. Neben mir macht es sich nach ein paar Minuten eine Gruppe Teenagermädchen aus Ungarn gemütlich. Spätestens jetzt bin ich mir sicher: Das wird wirklich eine lange, lange Nacht. Und zu allem Überfluss spreche ich auch noch ein wenig Ungarisch, sodass mir die „Qualität" ihrer Gespräche nicht ganz verborgen bleibt. Die folgenden drei Stunden lang erfahre ich somit alle nennenswerten Updates über neue Läden in den Shoppingcentern Budapests und wo man dort die süßesten

Jungs findet. Ich kann es kaum erwarten, dieses Wissen in die Tat umzusetzen.

In Budapest steigen die Mädchen dann aus. Gott oder dem Teufel sei je nach Zuständigkeit für Ungarn gedankt. An ihrer Stelle gesellen sich dann zwei junge Türken zu mir. Eine deutliche Verbesserung meiner Lage bedeutet das aber leider nicht. Der an sich nette Junge am Nebensitz beschäftigt sich die verbleibende Reise vor allem damit, alle dreißig Sekunden eine neue Schlafposition auszuprobieren. Mal lehnt er sich nach vorne mit der Stirn gegen den vorderen Sitz. Dann wieder mit dem Kopf nach hinten in die Lehne. Einmal nach rechts – dreißig Sekunden – und dann nach links. Ist er damit fertig, klappt er alsbald den kleinen Tisch vor sich auf, verschränkt die Arme darauf und versucht ein fleischgewordenes Nest für den Kopf zu bauen. Auch das scheint ihm aber regelmäßig zu misslingen und so beginnt das Karussell wieder von vorne. Ich hoffe, zumindest für ihn funktioniert es. Mein Schlaf ist als Resultat der Experimente nebenan in dieser Nacht jedenfalls nicht vorhanden.

Aber das ist ohnehin fast hinfällig. Um zwei Uhr morgens kommen wir nämlich an der ungarisch-rumänischen Grenze an, müssen allesamt aus dem Bus aussteigen, unsere Pässe abgeben und eine knappe Stunde warten. Ich weiß beim besten Willen nicht, was die Grenzbeamten in dieser Zeit genau tun. Entweder sie sind wirklich gewissenhaft bei der Kontrolle unserer Papiere oder sie spielen Karten und trinken Schnaps. Ich überlasse dir das Urteil. Als Österreicher erfüllt es mich jedenfalls mit großem Stolz, dass ausgerechnet der Kanzler meines Landes ein Veto gegen den Schengenbeitritt Rumäniens eingelegt hat und mir diese schöne Erfahrung somit auch für die kommenden Jahre garantiert.

Nachdem – Überraschung! – weder eine illegale Einwanderin noch eine Bombe an Bord unseres Busses gefunden wird, geht es um drei oder vier Uhr morgens auf den immer abenteuerlicher werdenden Straßen Rumäniens weiter gen Osten. Es ist für mich somit wirklich eine Überraschung, als die ersten Sonnenstrahlen des Morgens kurze Zeit später das Innere unseres Busses erreichen und ich mich trotz akuten Schlafmangels richtig gut fühle. Ach was heißt gut: Ich fühle mich geradezu enthusiastisch! Draußen sehe ich die mir vage bekannten Hügel Siebenbürgens vorbeiziehen und die Spannung auf Hermannstadt steigt mit jedem Kilometer. Wer braucht da schon Schlaf! So gönne ich mir also mein mitgebrachtes Frühstück – ein Schokocroissant und einen Eiskaffee – und freue mich wie ein Kind auf die Ankunft.

Die kommt aber verdammt unvermittelt. Wir halten frühmorgens am wahrlich deprimierenden Parkplatz Sibiu Vest. „Wie? Wir fahren nicht zum richtigen Busbahnhof von Sibiu?" frage ich mich und den Busfahrer gleichzeitig. Nein. Das hier ist es. Ein kleiner Parkplatz in der Nähe des Flughafens über zehn Kilometer vom Stadtzentrum entfernt. Na toll.

Ich unterhalte mich kurz mit einer jungen Taiwanesin neben mir, die mindestens so verwirrt ist wie ich, bis ein Mann vom hinteren Teil des Parkplatzes auf uns zukommt. Er fragt freundlich und in gutem Englisch, wo wir denn hinwollen. Als ich nur verwirrt mit „Old Town" antworte, bietet er kurzerhand an, uns dorthin mitzunehmen. Geld will er partout keines. Entweder hat der Mann ein enorm großes Herz oder er will uns enorm groß überfallen. Aber irgendwie vertraue ich ihm dann doch ausreichend und setze mich vorne ins Auto neben ihn. Wir unterhalten uns auf Deutsch weiter – das kann der gute Mann nämlich auch. Die Taiwanesin auf der Rückbank muss sich spätestens jetzt sicher gewesen sein, dass wir sie in der nächstbesten dunklen Gasse ausrauben und ihre Leiche diskret verschwinden lassen werden. Der Herr hinter dem Steuer erzählt mir bis dahin ein wenig von sich. Er ist eine fast schon stereotypisch-wilde Siebenbürgenmischung. Wie er mir erklärt, ist er teils Rumäne, teils Jude, teils Grieche und teils Landler.[19] Zwischendurch dreht er sich immer wieder um und erzählt auf Englisch von abenteuerlich klingenden Geschäftsplänen in Taiwan. Ein durch und durch faszinierender Mann. Und: Wir kommen auch noch ohne Un- oder Überfall im Zentrum Hermannstadts an. Er lässt uns direkt unterhalb der Altstadt raus. Trinkgeld will er auch auf meine dritte Nachfrage noch keines.

Ein echter Glücksfall, denke ich mir und verabschiede mich von der Taiwanesin. Wir scherzen noch kurz, dass wir uns hier in der Kleinstadt sicher bald auf der Straße über den Weg laufen werden. Süßes Mädchen eigentlich. Ich fände das gar nicht mal so schlimm. Und damit schlendere ich gedankenverloren die Treppe hinauf zum Huetplatz, an dem meine Unterkunft liegt – direkt im Pfarrhaus der evangelischen Kirche. Dieser Platz war schon immer einer meiner Lieblingsorte in Hermannstadt. In seiner Mitte ragt die Stadtpfarrkirche imposant in die Höhe, im Kreis um sie herum befinden sich einige der schönsten alten Gebäude der Stadt. Nach dem Einchecken in meinem Zimmer spaziere ich gleich ein paar Meter weiter in Richtung Café Wien, in der Hoffnung, mit einer gefährlichen Überdosis Koffein doch

---

19 Landler waren eine Gruppe aus Österreich stammender, protestantischer Siedler, die im 18. Jahrhundert – etwa 500 Jahre nach den Siebenbürger Sachsen – in die Region deportiert wurden. Ich möchte die Geschichte aber nicht unnötig verkomplizieren, also packe ich das in diese Fußnote, die wahrscheinlich ohnehin niemand liest. Glückwunsch wenn du es doch getan hast. Gönn dir einen Koks. ... Keks! Ich meinte Keks! ... oder gönn dir von mir aus einen Koks. Ich bin nicht deine Mutter.

noch den einen oder anderen Lebensgeist in mir zu wecken. Ich setze mich auf eine der gemütlichen Eckbänke und schon wieder! Mich überkommt dieses eigenartige Gefühl von Heimkommen. Nun bin ich zwar schon zwei Mal in Hermannstadt gewesen und kenne die Stadt ein wenig. Ehrlich gesagt bin ich bisher aber nie so wirklich warm mit ihr geworden. Im Vergleich zu Klausenburg/Cluj habe ich es hier immer zu klein gefunden. Im Vergleich zu Kronstadt/Brașov zu leblos.

Aber dieses Mal – wahrscheinlich auch mit dem Grund meiner Reise vor Augen – ist es eine vollkommen andere Empfindung. Wenn ich durch das Fenster des Cafés auf den Huetplatz schaue, fühle ich mich fast übermannt von der sächsischen Geschichte dieses Ortes. Vor mir die Kirche, ihr gegenüber das deutsche Gymnasium, und davor wiederum die Statue eines Herrn mit dem furchtbar falsch geschriebenen Namen Teutsch.[20] All das wirkt in Ermangelung eines besseren Wortes sehr ... deutsch. Du weißt schon: mit *d*. Gleichzeitig sind die Nachkommen all jener, die das hier Annodazumal erbaut haben, jetzt in Deutschland und besaufen sich auf Bierbänken in Dinkelsbühl. Ein komischer Widerspruch. Diese Fragen werden sich während der folgenden fünf Tage in Hermannstadt hoffentlich klären lassen. Und mit dem Gedanken begebe ich mich am späten Nachmittag dann auch zurück in meine Kammer und falle erschöpft ins Bett. Es ist dringend nötig.

Am nächsten Morgen weckt mich das Geräusch von kaffeetrinkenden, fröhlich klingenden Menschen. Ich öffne das Fenster und lasse den Blick auf die Kirche und den Platz unter mir schweifen. Das kleine Café dort ist schon jetzt gut gefüllt. Es ist

---

[20] Hätte ich kurz googeln können, wer das ist? Ja sicher. Ist es wichtig? Nein. Es wird schon irgendein alter Sachse gewesen sein. Entweder Pfarrer oder Lehrer. Wahrscheinlich beides.

ein warmer, sonniger Morgen und – im Juni in Siebenbürgen nicht selbstverständlich – nicht allzu brütend heiß. Dann schließe ich mich den glücklichen Menschen doch gleich mal an! Nach einem ersten Kaffee in der Morgensonne muss es dann aber doch an die Arbeit gehen. Hätte ich doch nur das Geringste von meiner Reise nach Bautzen gelernt! Ich bin schon wieder völlig unvorbereitet und habe keine Ahnung, was ich hier eigentlich suche. Und noch wichtiger: Wo. Mangels besserer Alternativen entscheide ich mich also, erst mal einige der deutschen Orte der Stadt abzugehen, an die ich mich von vorherigen Besuchen noch erinnere.

Es gibt dafür wohl keinen besseren Ort als das Erasmus Büchercafé am anderen Ende der Altstadt. Das kenne ich schon seit Jahren und ich war im Job am Institut immer wieder mit den Leuten hier im Kontakt, weil sie unsere Zeitschrift abonniert hatten. Das Café spielt darüber hinaus aber auch eine wichtige Rolle im heutigen sächsischen Leben der Stadt. Es befindet sich mitten in einem Komplex der evangelischen Kirche am Rand der Hermannstädter Altstadt, gleich neben dem Kirchenarchiv und dem Museum der Landeskirche. Als Bonus für mich: Ich kann dort neben der Spurensuche auch meinen Koffeinhaushalt weiter am Limit halten. Wer hätte gedacht, dass man von einer Busreise Jetlag bekommen kann? Als ich im Büchercafé ankomme, ist es auch tatsächlich schon vollgepackt mit Deutschsprachigen. Nun gut, es sind allesamt entweder rumänische oder bundesdeutsche Akzente, aber immerhin. Ich kann mir jedenfalls lebhaft vorstellen, wie viel hier erst im Hochsommer los sein muss, wenn die berüchtigten „Sommersachsen" Einzug in Hermannstadt halten und ihren Jahresurlaub in der alten Heimat zelebrieren.

So drifte ich beim zweiten Kaffee ab in Erinnerungen an

meine früheren Reisen nach Siebenbürgen. Vor einigen Jahren war ich das erste Mal hier in Hermannstadt – eigentlich im heutigen Vorort Neppendorf/Turnișor – um eine Sommerschule zu begleiten. Insbesondere kommt mir mit Blick auf die Touristen und Touristinnen hier im Café ein Ausflugstag von damals in den Sinn. Wir sind mit einem Kleinbus durch das Land gefahren und haben zwei oder drei Kirchenburgen besichtigt. Ich erinnere mich noch lebhaft an eine Serie schrulliger alter Menschen, die uns überall die Tore der Kirchen geöffnet haben. Sie waren durchwegs sächsisch und haben sich die Rolle als Schlüsselwächter und -wächterinnen offensichtlich dadurch erarbeitet, dass sie eben die letzten Sachsen und Sächsinnen im jeweiligen Dorf waren. Diese Leute hatten nun wirklich herzlich wenig gemeinsam mit denen, die ich hier im Büchercafé um mich herum sehe. Wenn ich die Gründe ihres Aufenthalts in Hermannstadt nicht zumindest erahnen könnte, würde ich die Gäste hier für ganz „normale" deutsche Reisende halten. Und irgendwie sind sie das ja auch.

Die „zurückgebliebene" sächsische Community – wie sie oft scherzhaft genannt wird – macht in Hermannstadt heute jedenfalls nur noch ein Prozent der Bevölkerung aus. Da stellt sich mir schon die Frage: Wie sehen die Großteils rumänischsprachigen Bewohner und Bewohnerinnen Sibius das alles eigentlich? Welche Rolle spielt die sächsische Vergangenheit ihrer Stadt für sie? Und welche das weitgehende Verschwinden dieser Kultur innerhalb der letzten paar Jahrzehnte?

Ich mache mich nach dem Kaffee also kurz entschlossen auf den Weg zur Touristeninformation am Großen Ring. Vielleicht kann ich in den nächsten Tagen an einer Stadtführung teilnehmen, die mir die rumänische Perspektive auf die Stadt etwas näherbringt. Leider steht nichts auf dem Programm. Ich lasse mir stattdessen die Sibiu-App samt Audioguide empfehlen. Es ist zwar nicht ganz dasselbe, aber zumindest kann ich mich mit der App in meinem eigenen Tempo durch die Stadt bewegen. Und gratis ist sie auch. So spaziere ich also los und bin gespannt. In so einem Guide zur Geschichte Hermannstadts muss es doch eigentlich gleich zu Beginn ganz zentral um die Sachsen und Sächsinnen gehen, oder? Wie sich herausstellt: Ja und nein.

Sie kommen in den historischen Erzählungen zwar vor, aber doch kann ich mich nicht ganz gegen das Gefühl erwehren, dass sie von der Öffentlichkeit − oder zumindest von der Person, die diese App gestaltet hat − mehr als Naturgewalt denn als reale Menschen gesehen werden. Es wird in der Audioführung mehr oder weniger vorausgesetzt, dass die Stadt hier *natürlich* von Sachsen erbaut worden ist. Dass diese über mehr als eintausend Kilometer Entfernung hierhergekommen sind, ist bei all dem aber weder auffällig noch sonst erwähnenswert. Dass inzwischen fast alle wieder weg sind, kommt genauso wenig zur Sprache. Während meines Spaziergangs mit dieser monotonen App-Stimme im Ohr komme ich mir zunehmend vor wie in einer sächsischen Stadt ohne Sachsen. Und nun gut: Auch das stimmt ja irgendwie.

Aber doch passt es so gar nicht mit dem zusammen, wie ich mich seit meiner Ankunft hier fühle. Oder damit, wie die jungen Leute in Dinkelsbühl über die „alte Heimat" gesprochen haben. Es herrscht ganz offenbar eine Kluft zwischen Anspruch und Wirklichkeit vor. Oder dazwischen, wie Deutsche mit siebenbürgischen Wurzeln über diese Stadt reden und wie die Rumänen und Rumäninnen vor Ort es tun. Die Gäste aus Deutschland werden hier zwar entsprechend bedient. Sicherlich sind die Leute auch ganz froh über die Touristenströme und die historische Bedeutung der Stadt kennen sie vielleicht auch noch.

Aber doch scheint mir das wie zwei grundlegend unterschiedliche Dinge. Die Sachsen von damals sind Mythen. Die Touristen und Touristinnen heute sind halt einfach Deutsche.

Nun habe ich aber auch schon angesprochen, dass nicht alle Sachsen und Sächsinnen Hermannstadts nach Deutschland ausgewandert sind. Es gab auch immer die „Zurückgebliebenen" – ein paar Hundert von ihnen – und zu ihnen gesellen sich immer wieder neue „Runtergekommene". Der Rückzug aus Deutschland ist dabei zwar zahlenmäßig überschaubar, er findet aber statt. Einige haben in den letzten Jahren Bauernhäuser in den Dörfern der Region geerbt oder gekauft und bringen diese nun auf Vordermann. Wieder andere wollen es sich hier für die Rente einrichten. Es mag somit alles zusammengenommen nicht viel sein, aber doch existiert das deutsche Leben in Siebenbürgen noch. Und bei meinem Versuch, dieser Seite der Medaille auf die Spur zu kommen, habe ich nun großes Glück. Mein Kollege Hans Peter aus München, selbst ein Sachse aus der Gegend um Mediasch, ist ausgerechnet diese Woche hier und kennt einige Leute in der Stadt. So geht es am Abend also auf ein Bier mit ihm und seiner Gruppe.

Einer sticht unter diesen ganz besonders hervor: Dieter. Im Ruhrpott geboren – das hört man – ist er vor ein paar Jahren nach Hermannstadt gezogen. Wahrscheinlich auf der Suche nach seinen Wurzeln. Er ist in der Siebenbürger Szene jedenfalls einigermaßen bekannt und als Facebook-Aktivist sogar geradezu berüchtigt. Eigentlich könnte man Dieter ganz böse als „Troll" bezeichnen. In dem Zusammenhang hat er zum Beispiel schon Probleme mit ausgerechnet der DKB-Bank bekommen, weil er über seinen Onlineshop T-Shirts mit dem Aufdruck *FCK DKB* verkauft hat. Das steht bezeichnenderweise für *Fuck Dinkelsbühl*, so abgeneigt ist er dem Heimattag in der „neuen

Heimat". Die gleichnamige Bank hat den Witz nur so mittellustig gefunden.

Der Abend mit ihm und seiner Gruppe ist verdammt unterhaltsam. Es fließen die Biere wie die Gespräche und diese drehen sich mit der Zeit fast schon stereotypisch um Familiengeschichte, Genealogie und das „Im-Reich-geboren-Sein". Es klingt für mich alles ein bisschen nach Gruppentherapie. Ich muss aber auch gestehen: Ich finde diese lustig gemeinte, wenn auch hart inkorrekte Phrase mit dem „Reich" auch ziemlich lustig. In den nächsten Tagen ertappe ich mich mehrmals dabei, wie ich sie selbst verwende, wenn ich über in der BRD Geborene spreche. Daneben ging es in den Gesprächen auch immer wieder um die scheinbar komplizierte Beziehung zu den Rumänen und Rumäninnen hier – den *Blesch*, wie die meisten Sachsen sie nennen. Ich kenne die individuellen Hintergründe dieser Geschichten natürlich nicht, aber ganz allgemein scheint das Zusammenleben nicht immer zur Zufriedenheit aller abzulaufen.

Wobei: Diese Abneigung wirkt auf mich eher einseitig. Es ist vor allem die sächsische Gemeinschaft der Stadt, die sich der rumänischen gegenüber querstellt und nicht so sehr umgekehrt. Immerhin regiert hier sogar seit über zwanzig Jahren eine deutsche Partei die Stadt! Der aktuelle rumänische Staatspräsident Klaus Johannis ist ein Hermannstädter Sachse und war hier zuvor Bürgermeister. Derzeit sitzt das *Demokratische Forum der Deutschen* noch immer mit absoluter Mehrheit im Stadtrat und stellt nach wie vor die Bürgermeisterin. Gewählt werden sie vor allem von Rumäninnen und Rumänen. Umgekehrt scheint dieses Vertrauen zumindest in den Biergesprächen aber nicht sonderlich ausgeprägt zu sein. Die Distanz ist deutlich spürbar und zu meinem Schrecken sprechen einige der Rückgezogenen hier kein Rumänisch. Auch wenn das dafür keine Rechtfertigung sein kann: Es ist aber auch wirklich erstaunlich, wie radikal sich hier die Mehrheitsverhältnisse im Lauf der Geschichte gedreht haben.

Werfen wir den Blick noch mal zurück in die Zeit der Nationsuniversität. Da waren die Sachsen hier in der Stadt noch die unangefochtene und alles bestimmende Kraft. Und auch im Land Siebenbürgen mussten sie nur auf die Interessen der Ungarn, Szeklern und vielleicht noch des Königs Rücksicht nehmen. Eine rumänischsprachige Präsenz war in Hermannstadt dagegen so gut wie inexistent. Es war noch eine vollkommen andere Welt. Aber wie in so vielen multikulturellen Räumen wurde es auch in Siebenbürgen auf dem Weg in die Moderne nicht gerade unkomplizierter. Wie auch überall sonst in Europa waren die Jahrhunderte ab etwa 1700 geprägt von staatlicher Zentralisierung, Konsolidierung und schlussendlich Nationalisierung. Das würde die politischen Zustände in Siebenbürgen radikal überwerfen. Dieser langsame Prozess begann damit, dass das Land nach der osmanischen Niederlage vor Wien 1683 gemeinsam mit Ungarn unter die Kontrolle der Habsburger wanderte. Damit einher gingen ab dem 18. Jahrhundert erstmals verstärkte zentralistische Bemühungen aus Wien. Aber die wirklich großen Veränderungen sollten noch folgen.

Das alte System des autonomen Siebenbürgens endete im 19. Jahrhundert endgültig. Insbesondere nach dem Ausgleich von 1867, der die Doppelmonarchie Österreich-Ungarn schuf, sahen sich Siebenbürger Sachsen und Sächsinnen mit einer immer stärkeren Magyarisierung – einer „Ungarischmachung" – aus Budapest konfrontiert. Im Zeitalter des Nationalismus war kein Platz mehr für alte Partikularinteressen, wie sie noch in der Nationsuniversität normal gewesen waren und das Zentrum in Budapest setzte nun alles daran, auch Peripherien wie

Siebenbürgen „ungarischer" zu machen. Dafür sahen viele Politiker in Budapest auch gute Gründe, denn immerhin sprachen damals nur zwei Drittel der Menschen im ungarischen Teil der Monarchie Ungarisch als Erstsprache.

Allzu erfolgreich war diese Politik an den Rändern jedoch nicht – auch in Siebenbürgen nicht. Es würde sich bald aber ohnehin als hinfällig erweisen. Nach Ende des Ersten Weltkriegs ging das Land nämlich vom Verliererstaat Ungarn an den Siegerstaat Rumänien und das sollte nun wirklich alles ändern. Das bringt uns auch zurück zu den Bleschen. Denn deren Präsenz in Siebenbürgen nahm ab den Zwanzigerjahren deutlich und konsequent zu. Rumäninnen und Rumänen waren nun schließlich das Staatsvolk und die ehemals bestimmenden Gruppen der Ungarn, Szekler und Sachsen wurden offiziell zu Minderheiten im rumänischen Staat. Eine Versammlung der Siebenbürger Sachsen stimmte direkt nach Kriegsende zwar noch für diesen Anschluss an Rumänien, wohl in der Hoffnung auf eine minderheitenfreundliche Politik in der Nachkriegszeit. Doch der Plan ging – gelinde gesagt – nicht übermäßig gut auf.

Bereits in der Zwischenkriegszeit wurde die Lage für die Siebenbürger Sachsen und Sächsinnen in Rumänien merklich ungemütlicher. Besonders bemerkbar war dies, wenn es um berufliche und politische Aufstiegschancen im neuen Staat ging. Diese waren nun auch in Siebenbürgen zum größten Teil Rumänen vorbehalten. Kenntnisse der rumänischen Sprache waren unter der sächsischen und ungarischen Bevölkerung hier gleichzeitig noch alles andere als weitverbreitet. In Städten wie Hermannstadt stellten die Sachsen und Sächsinnen ja nicht zuletzt noch immer die Mehrheit! Diese schwierige Koexistenz erreichte schließlich mit dem Zweiten Weltkrieg ihren Tiefpunkt. Im Krieg traten viele Sachsen freiwillig der SS bei und nach Kriegsende folgten als Vergeltung weiträumige Deportationen zur Zwangsarbeit in die Sowjetunion. Als diese Menschen einige Jahre später zurückkamen, fanden sie ein gänzlich anderes Rumänien und Siebenbürgen vor. Wenn die Unterdrückung der Minderheiten im kommunistischen Rumänien auch weniger allumfassend war als in vielen anderen Staaten des Ostblocks, begann mit der Nachkriegszeit doch eine große Welle der Assimilation. Insbesondere die ungarischen Minderheiten wurden vom sozialistischen rumänischen Regime als kritisch, wenn nicht gar staatsfeindlich betrachtet. Aber auch in der sächsischen Community kam es nun verstärkt zu Auswanderung in Richtung Westen. Während der gesamten Zeit des sozialistischen Rumäniens entschieden sich Sachsen und Sächsinnen dazu, das Land in Richtung BRD zu verlassen. Dafür bezahlte Deutschland dem rumänischen Staat sogar irgendwann bares Geld! Für jede „deutschstämmige" Person,[21] die Rumänien in Richtung Bundesrepublik verließ, wurde ab den späten Sechzigerjahren eine vereinbarte Summe an Herrn Ceaușescu in Bukarest überwiesen. Das bedeutete im Umkehrschluss freilich nicht, dass es allen Sachsen und Sächsinnen in Siebenbürgen offenstand zu gehen. Ein Ausreisevisum zu bekommen war zwar theoretisch möglich, die Ausstellung konnte aber Jahre dauern und war Willkür und Korruption der rumänischen Behörden unterworfen. So flohen viele – wie nicht zuletzt die Geschichte von Pauls Vater zeigt – auch in jener Zeit illegal nach Jugoslawien oder Ungarn. Zum

---

21 Neben den Sachsen und Sächsinnen gab und gibt es in Rumänien weitere deutschsprachige Minderheiten. Die Landler wurden schon erwähnt. Daneben gibt es noch die Banater Schwaben und Schwäbinnen, die Zipserdeutschen und andere kleinere Gruppen. Oh, und natürlich die Partytouristen aus Düsseldorf an den Schwarzmeerstränden.

wahren Exodus kam es dann nach der Wende 1989. Nun öffneten sich die Grenzen tatsächlich und gleichzeitig hatten viele Menschen inzwischen Verwandtschaft im Westen. All das machte das Auswandern nur noch attraktiver. Als Resultat leben von den einst 250.000 Sachsen und Sächsinnen heute nur noch ein paar wenige Tausend in Rumänien – die meisten davon sind sehr alt. Und in Süddeutschland gibt es dafür in jedem Kuhdorf eine siebenbürgisch-sächsische Folkloregruppe.

Was bleibt ist Björn

Leicht hämmernde Kopfschmerzen holen mich aus dem Schlaf. Es war ein lustiger Abend mit den „Im-Reich-Geborenen" und spannend zu hören, wie sie die Lage hier beurteilen und wie ein möglicher Rückzug nach Siebenbürgen für sie funktionieren kann. Trotzdem weiß ich heute nicht so recht, wo und wie genau ich weitermachen soll. Ich fühle mich in einer Sackgasse und wie immer, wenn mir das passiert, spaziere ich erst mal ziellos durch die Stadt. Ich wandere also von einem Kaffee zum nächsten, doch manchmal schafft der Zufall die besten Gelegenheiten.

Nach dem Mittagessen setze ich mich zur Entspannung kurz in die Stube meiner Unterkunft und treffe dort eine Frau mittleren Alters mit ihrer Mutter. Sie bereiten gerade Mittagessen zu und wir kommen dabei ins Gespräch. Die Frau erzählt mir ohne große Aufforderung meinerseits sofort ihre Geschichte, gestikuliert dabei mit der einen Hand, während sie mit der anderen scheinbar willkürlich Schinken und diverse Gemüsesorten in eine Pfanne wirft. Sie ist zwanzig Jahre alt gewesen, als sie wie viele andere in den frühen Neunzigern mit ihrer Familie nach Deutschland ausgewandert ist. Aus Hetzeldorf/Ațel in der Nähe von Mediasch seien sie und obwohl das alles inzwischen eine ganze Weile her ist, hat sie den Kontakt zu Siebenbürgen nie ganz verloren und kommt regelmäßig zu Besuch. Gerade jetzt sind sie wieder zwei Wochen hier gewesen und die Frau hat sogar – wie es Trend zu sein scheint – ein altes Bauernhaus in ihrem Dorf gekauft, das sie nun langsam wieder bewohnbar machen will. In Hetzeldorf ist sie damit auch nicht die Einzige, wie sie sagt. Es gibt dort sogar ein sächsisches Altenheim, das ebenfalls sehr gut läuft! Wobei ich mir doch die Frage nicht verkneifen kann: Wie kann denn ein Altenheim bitte gut laufen? Ich meine: Die Kundschaft stirbt in dem Geschäft doch per Definition unter den Fingern weg. Andere Standards, nehme ich an. Am Ende unseres Gesprächs empfiehlt mir die Dame noch begeistert das Landeskirchliche Museum neben dem Erasmus Büchercafé, das ich bisher so sträflich vernachlässigt habe.

Ich war ehrlich gesagt nicht davon überzeugt, dass ein Museum der beste Ort ist, um den sächsischen Spuren der Region auf den Grund zu gehen. Immerhin wird es von der Kirche kuratiert und erzählt sicher eine stark gefärbte Version der Geschichte. Da ich aber ohnehin nichts Besseres zu tun habe, spaziere ich am Nachmittag zum wiederholten Mal die Altstadt hinunter, am Café vorbei in den ersten Stock und lasse mir von einem freundlichen – dem Akzent nach zu urteilen sächsischen – Mann ein Ticket verkaufen. Er lässt mich ins Museum ein und erklärt mir noch, dass es auf der anderen Seite einen Ausgang gibt. Dann dreht er sich um und verschließt hinter mir die Tür. Wenn ich jetzt nur ein größerer Fan von *Nachts im Museum* wäre, oder wie dieser sicherlich furchtbare Film mit Ben Stiller wieder heißt ... Es wäre der Tag meines Lebens. Wobei ich aber doch zugeben muss, dass ich die nicht gerade alltägliche Erfahrung, alleine in einem Museum unterwegs zu sein, irgendwie genieße. Es ist in einem wunderschönen alten Haus untergebracht, der Holzboden knarrt bei jedem Schritt unter meinen Füßen und die Ausstellung stellt sich ebenfalls als einigermaßen interessant heraus. Nun gut. Man darf keine allzu revolutionären Ideen erwarten. Es geht um die Ansiedlung der Sachsen im Mittelalter, den Bau der Kirchenburgen, die Reformation, die Bildung: all die Klassiker eben. Und so schlendere ich – minder aktiv beeindruckt, aber wenigstens nicht gelangweilt – von Raum zu Raum. Am Ende erreiche ich aber einen Abschnitt, der mich dann doch gewaltig berührt: Es geht um die schon mehrfach erwähnte sächsische Auswanderung im 20. Jahrhundert, und eine Zahl werde ich da so schnell nicht mehr vergessen: Neunzig Prozent – so sagt mir die Tafel. Neunzig Prozent ihrer Mitglieder verlor die evangelische Kirche Siebenbürgens innerhalb weniger Jahre nach der Wende 1990! Das Ausmaß dieses Aderlasses ist wirklich kaum zu fassen.In Gedanken versunken schlendere ich weiter und zum Glück erwartet mich hinter der nächsten Ecke tatsächlich der versprochene Ausgang. Der freundliche Mann von vorhin drückt mir zum Abschied noch einen Flyer in die Hand. Es geht um den *Siebenbürgischen Kultursommer* und auch an den darauf abgedruckten Grußworten ist der sächsische Exodus wieder unverkennbar. Man kann ihn schon am komplizierten Vereinsgeflecht der zwiegespaltenen sächsischen Welt erahnen. Es laden hier einerseits der Vorsitzende des Siebenbürgenforums (in Rumänien), der Bischof der Evangelischen Kirche (ebenfalls hier), der Präsident der Föderation der Siebenbürger Sachsen (in München) und die Vorsitzende des Verbands der Heimatortgemeinschaften (auch in Deutschland). Auf mich wirkt es wie der schwierige Versuch, trotz Tausender Kilometer Entfernung eine Gemeinschaft am Leben zu halten. Auf Basis von Erinnerung. Das Vorwort sagt dabei eigentlich schon alles: „Für die Identität der Siebenbürger Sachsen ist die Heimat Siebenbürgen das zentrale und verbindende Element". Ich frage mich nur: Wie lange noch?

Bei den Jugendlichen in Dinkelsbühl ist es mir durchaus so erschienen, als gäbe es zwischen ihnen ein solches verbindendes Element. Aber das basiert denke ich in erster Linie auf der langjährigen Bekanntschaft in Deutschland – wohl schon aus Kindestagen – und nicht auf der gemeinsamen „Heimat Siebenbürgen". Die ältere Generation mag das noch anders sehen. Bei ihr stellt sich aber ganz akut die Frage des Vergessens und Aussterbens. Derzeit gibt es in Deutschland noch die Heimatortgemeinschaften, in denen sich Leute aus den diversen Orten Siebenbürgens versammeln können. Wie lange das aber noch so bleiben kann, steht freilich in den Sternen, wo doch diese Heimatorte immer mehr von einer realen Lebenserfahrung zu einem Mythos verkommen und die aktiven Mitglieder langsam, aber sicher das Zeitliche segnen. Es gibt in der Gemeinschaft in Deutschland somit von Jahr zu Jahr weniger Menschen, die Siebenbürgen tatsächlich als ihre „Heimat" betrachten. Wenn sie sich auch der Kultur verbunden fühlen, sehen sich die meisten jungen Sachsen und Sächsinnen mehr oder weniger als Deutsche. Hier in Rumänien dagegen sind sie und ihre Eltern inzwischen gleichermaßen fremd.

Das Ende meines viel zu kurzen Aufenthalts in Hermannstadt nähert sich in riesigen Schritten, aber eine Sache habe ich doch noch vor mir. Eine Sache, die mir ehrlich gesagt einen Heidenrespekt einflößt. In Vorbereitung auf meinen großen letzten Tag verbringe ich den Abend nach dem Museumsbesuch also in meinem Kämmerchen damit, mir auf YouTube den zweieinhalbstündigen Epos *Geiersturz über Siebenbürgen* von einem gewissen Björn anzuschauen. Ich weiß nicht so recht, was ich erwarten soll. Und vor allem frage ich mich, warum Dieter – der Runtergekommene aus dem Ruhrpott – ihn mir mit einem so verschmitzten Lächeln empfohlen hat. Aber lange warten muss ich nicht. Diese Zweifel würden sich doch schnell erübrigen.

Der Film beginnt mit etwas amateurhaften, aber szenischen Drohnen-Shots über Siebenbürgen, unterlegt mit etwas zu lauter Orgelmusik. So weit, so gut. Und dann – dann fängt Björn an zu sprechen. Mit dickem siebenbürgischen Akzent holt er zum Rundumschlag aus und ich zucke instinktiv zurück. Die Orgeln im Hintergrund wollen aber nicht verstummen. Ich schalte also leiser und auf doppelte Geschwindigkeit. Was hat dieser Björn denn zu erzählen über die Geschichte Siebenbürgens und der Sachsen? Ich lasse ihn dafür am besten selbst zu Wort kommen: „Die Geschichte schreiben die Gewinner. Ich will euch die Geschichte der Verlierer erzählen", sagt er gleich zum Einstieg. Mir schwant schon jetzt Übles. Das klingt doch verdächtig nach: „Lasst mich euch eine freie Erfindung auftischen". Und genau auf diese Art geht es auch munter weiter. Björn erzählt uns den Mythos zweier Sachsenführer, die im 12. Jahrhundert mit ihren Schwertern das Land markiert und es sodann mit Wagenburgen in Besitz genommen haben sollen. Wir hören schier endlose Details zur Militärgeschichte und von Hunderten von Schlachten. Alle paar Minuten laufe ich Gefahr, kurz wegzunicken, bis mich irgendein kruder Vergleich Björns wieder aus dem Halbschlaf reißt. Die Sachsen auf ihrem Königsboden sind für ihn die „erste europäische Demokratie seit der Antike", einen militärischen Sonderbund der frühen Neuzeit nennt er kurzerhand einen „Vorgänger der NATO". Superlative mag dieser Mann offensichtlich. Und auf diese Art zieht es sich weiter zäh durch die Jahrhunderte. Also beinahe durch alle Jahrhunderte. Vom Jahr 1918 springen wir doch auffallend schnell in die Zeit nach

1945 und zu den Vertreibungen der Sachsen und Sächsinnen. Aber ich schätze mal, dazwischen ist einfach nichts Nennenswertes passiert? Der Film erreicht dann schließlich seinen Höhepunkt mit dem Satz: „Wenn du nicht deinen Teil dazu beiträgst, dass dein Volk erhalten wird, bist du nur ein sächsischsprechender Niemand". Ich freue und fürchte mich gleichermaßen. Denn morgen – an meinem letzten vollen Tag hier – besuchen wir Björn!

Auf meine kurzfristige Facebook-Nachricht von gestern hat er leider nicht geantwortet und so fahren Dieter, mein Kollege Hans Peter und ich am Morgen auf gut Glück los in Richtung Brenndorf/Bod im Burzenland. Es sind fast drei Stunden Fahrt – einmal quer durch das siebenbürgische Kernland. Aber was sein muss, muss eben sein! Der krude Film ist nämlich auch nicht alles, was ich über diesen Björn weiß. Hans Peter hat mir schon vor Monaten davon erzählt, wie so ein „wilder Sachs" mit selbstgeschmiedeten Langschwertern zu Pferde durch das Burzenland zieht. Du kannst dir wahrscheinlich denken: Diese Bilder haben mich seitdem nicht mehr ganz losgelassen.

Während der Fahrt lerne ich von Dieter mehr über seine Erfahrungen mit Björn. Der scheint ein wahrer Tausendsassa zu sein. Er ist Tischler, Baumeister, Hobbyhistoriker und zieht nicht nur mit Drohnen, Pferden und Schwertern, sondern auch mit Metalldetektoren durchs Land. Dabei handelt er sich auch immer wieder Probleme mit den lokalen Polizeibehörden ein. Überhaupt habe Björn einen unangenehmen sächsisch-nationalistischen Touch – „wobei ich ihm bei vielem zustimme" – so Dieter. Ich weiß nicht, was ich von dieser Aussage halten soll. Prinzipiell kann ich eine Autoreise mit Dieter durch Siebenbürgen aber nur empfehlen. Über fast jedes vorbeiziehende Dorf hat er etwas Spannendes zu berichten. Überall scheint es einen runtergekommenen Sachsen oder eine zurückgebliebene Sächsin zu geben, die obendrein immer in das eine oder andere Skandälchen verstrickt zu sein scheinen. Ob das nun eine Affäre oder ein kleiner bis mittelgroßer Korruptionsskandal ist. Die Stunden verfliegen geradezu und nach einem kurzen Abstecher nach Kronstadt und einem Mittagessen in Form von Mici[22] stehen wir am frühen Nachmittag vor Björns Hof.

Er ist tatsächlich zu Hause und lässt uns gleich rein. Er und Dieter kennen sich und auch an Hans Peter kann Björn sich erinnern. Björn ist ein freundlicher, wenn nicht gar etwas zurückhaltend wirkender Kerl mit kurzen grauen Haaren und einem Schnauzer. Nicht unbedingt, was ich von Fotos oder den paar Szenen aus dem YouTube-Film erwartet habe. Aber meine Aufmerksamkeit liegt ohnehin eher auf dem Hof. Der ist nämlich der absolute Wahnsinn! Auf dem Einfahrtstor aus Holz sind zwei große Pferde eingearbeitet und auf der Scheune dahinter steht ein massiver Holzturm. Im zweiten Hinterhof begrüßt uns dann eine ganze Wehrpalisade, auf der drei enorme Schwerter hängen – wohl die Langschwerter, von denen mir Hans Peter erzählt hat. Eines davon soll gar eine genaue Kopie des mythischen Draaser Schwertes sein, von dem Björn am Anfang seines Films sprach.

Dazu hat er auch gleich noch eine Geschichte parat. Das Original des Schwertes soll nämlich im Zweiten Weltkrieg nirgends anders gewesen sein als am Obersalzberg bei Adolf Hitler. Es kam schließlich kurz vor Kriegsende nach Siebenbürgen zurück, weil „zum Glück einige Sachsen bei der SS waren", wie Björn es eloquent ausdrückt. Seitdem war das Schwert zwar erneut verschwunden, aber ein alter Sachse hätte ihm erzählt, wo genau es eingemauert sei. Ich fühle mich wahlweise wie in

---

[22] Der grob misslungene rumänische Versuch, die Čevapi des Balkans nachzuahmen. Sie essen die mit Senf! Wozu hat der liebe Gott bitte Ajvar erfunden?!

einem Film mit Nicolas Cage oder einem Buch von Dan Brown.

Björn hat mit seiner Haltung und seinen Aktivitäten tatsächlich so einige Probleme in Rumänien. Innerhalb kürzester Zeit gab es bei ihm wegen der Metalldetektoren-Sache gleich zwei Hausdurchsuchungen durch die Polizei. Wie sich herausstellt, darf man nämlich nicht einfach mit Detektoren durch die Lande ziehen – wer hätte es geahnt? Zu allem Überfluss sollen einige Leute im Dorf der Polizei gegenüber auch noch behauptet haben, er hätte größere Mengen Gold und Silber in seinem Haus gelagert. Aber Björn nimmt es locker: „Sie können mir nicht alles verbieten", meint er nur. „Die sollen unsere Sachen nur nicht in die Hände bekommen." Und um „unsere Sachen" vor dem rumänischen Staat in Sicherheit zu bringen, geht er dann eben selbst mit dem Detektor auf die Suche.

Im Anschluss zeigt er uns schließlich noch einige seiner Werke im Haus. Vor allem der aus massivem Holz gebaute „Sachsentisch" mit sieben Stühlen und sieben Schwertern drauf ist ein echter Hingucker. Den will er dann einweihen, wenn „endlich ernsthaft über siebenbürgische Kultur geredet wird". Ich frage mich etwas beunruhigt, was er damit wohl meinen könnte – aber ich will es, glaube ich, gar nicht wirklich wissen. Björn ist alles in allem ein verdammt merkwürdiger Kerl und lebt offenbar mehr in Vergangenheit und Mythos als in der Gegenwart. Aber dennoch ist er mir nicht unsympathisch. Vor allem schätze ich seine Extreme. Er sieht sich – das betont er mehrmals – weder als Rumäne noch als Deutscher. Er ist Siebenbürger und er scheint mir auch bereit, dafür in absehbarer Zeit zu sterben.

Der Ausflug nach Brenndorf hat sich jedenfalls mehr als nur gelohnt. Alle drei sind wir froh, dort gewesen zu sein und mit Björn geredet zu haben, auch wenn ihn wohl keiner von uns als neuen besten Freund ansehen würde. Am Rückweg durch das idyllische Harbachtal ergreift Dieter dann noch die Gelegenheit, uns das Bauernhaus zu zeigen, das er sich gerade gekauft hat. Wie es sich für einen guten Sachsen bekanntlich gehört! Kurz dahinter kommen wir noch an einem modernen Wohnkomplex am Rande Hermannstadts vorbei, der in deutscher Sprache für eine *Gated Community* wirbt. Es boomt hier offenbar. Doch für mich soll es das gewesen sein. Am nächsten Tag geht es zurück nach Wien. Abfahrt: Acht Uhr abends. Mir steht erneut eine lange Busreise über Nacht bevor, bis ich frühmorgens verbraucht und unerholt in Wien Erdberg ankommen werde. Ich bereue nichts.

Ein Volk ohne Sprache ist kein Volk

Siebenbürgen, die Lausitz und irgendwie sogar Dinkelsbühl: Es ist schwer in Worte zu fassen, aber an all diesen Orten spürt man die Nähe der Grenzen, ob diese nun gegenwärtig oder vergangen sind. Die Lausitz trägt schon in ihrer sprachlichen Vielfalt die Spuren des Übergangs vom deutschen zum slawischen Europa in sich. Und auch im so viel weiter östlich gelegenen Siebenbürgen habe ich mich ähnlich gefühlt – an dieser alten Grenze zwischen dem ungarischen, romanischen und slawischen Kulturraum. Überall habe ich auch wahrgenommen, wie diese Grenzräume Spuren in ihren Bewohnern und Bewohnerinnen hinterlassen haben. Oft ist diese Spur auch nur das unterschwellige Gefühl, nirgends so ganz dazuzugehören.

Aber Grenzen existieren nicht nur auf Karten. Sie existieren vor allem in Köpfen! So wird dieses Gefühl des Nichtdazugehörens nur noch deutlicher, wenn man mit den versteckteren Mitgliedern unserer Gesellschaft spricht. Wenn man sich mit Leuten unterhält, die nicht im herkömmlichen Sinn als „Fremde" oder als Mitglieder einer Minderheit gesehen werden, die aber doch nicht so recht ihren Platz in unseren gemütlichen Nationalstaaten eingenommen haben; die von diesen ach so gemütlichen Nationen stattdessen immer wieder in den Schwitzkasten genommen wurden.

Ich spreche von den Jenischen. Sie sind Menschen am Rand – an den Grenzen – der Gesellschaft, die auf eine lange und schwierige Geschichte als Wanderarbeiter und Wanderarbeiterinnen, als Händler und Händlerinnen zurückblicken. Heute leben die Jenischen verteilt in ganz Europa, besonders in der Schweiz, Österreich, Süddeutschland, aber auch in Luxemburg, im Elsass und darüber hinaus. Dennoch weiß kaum jemand aus der Mehrheitsbevölkerung von ihnen. Als offizielle Minderheit sind sie nur in der Schweiz anerkannt und das auch erst seit dem Jahr 2016. Man kann wohl ohne viel Übertreibung sagen: Die Jenischen sind eine der unbekanntesten Minderheiten Europas.

Auch ich wusste vor Beginn meiner Reisen nur durch Zufall von ihrer Existenz. Mein Freund Paul hat vor vielen Jahren seine Masterarbeit über die Musik der Jenischen geschrieben.[23] Als er mir damals zum ersten Mal von ihnen erzählt hat, konnte ich nicht mit viel mehr antworten als mit einem verdutzten: „Die Je-was bitte?". Und auch danach habe ich mich nicht intensiver mit diesen Jenischen beschäftigt oder – zu meiner Schande – auch nur Pauls Masterarbeit gelesen. In Anbetracht meiner Pläne für dieses Jahr möchte ich ihn nun aber unbedingt treffen und mal anständig ausfragen. Wir verabreden uns also auf ein Bier in einer gemütlichen böhmischen Kneipe in Wien.

Seine erste Reaktion auf mein plötzlich erwachtes Interesse ist eine gemischte. Einerseits wirkt Paul schon angetan von der Idee, dass auch ich mich „seinem" Thema widmen will. Andererseits erzählt er mir von seinen damaligen Schwierigkeiten, mit Leuten aus der jenischen Community in Kontakt zu kommen. Seiner Wahrnehmung nach sind die meisten von ihnen sehr vorsichtig, was das Zusammentreffen mit Forschenden oder auch nur Interessierten von außen angeht. Mit *Gadsche*, wie die Jenischen uns Sesshafte nennen. Aber Paul kann mir doch ein paar Kontakte weitergeben. Es sei zumindest einen Versuch wert, meint er. Bei ein paar Bieren reden wir dann noch lange über den gegenwärtigen Kampf der Jenischen um Anerkennung in Österreich und über die vielen Schwierigkeiten dabei. Nach

---

23 Nicht derselbe Paul, mit dem ich in Dinkelsbühl war. Ich weiß, Namen sind aber auch wirklich kompliziert.

genau einem Bier zu viel verabschieden Paul und ich uns dann. Es dürfte eine lange Reise für mich werden – so viel ist mir nach diesem Gespräch jedenfalls klar.

In den folgenden Wochen befasse ich mich zum ersten Mal intensiver mit der Geschichte der Jenischen in Österreich und anderswo, und dabei merke ich schnell: Man macht bei dem Thema ein ordentliches Fass auf! Denn wenn man über die Geschichte und Gegenwart dieser Gruppe nachdenkt, muss man viel größere Fragen mitdenken. Die schwer definierbare Idee von Ethnie etwa. Und nicht zuletzt die ganz große Frage der Sesshaftigkeit und wie „normal" diese eigentlich ist. All das ist nur schwer vergleichbar mit den Lebenserfahrungen von Menschen in der Lausitz, in Siebenbürgen oder auch in Kärnten. Was die Jenischen – in all ihrer Vielschichtigkeit – eint, ist schließlich nicht so sehr eine ethnische Definition, sondern vor allem eine Rückbeziehung auf das sogenannte Fahrende Volk. Es ist dieses Selbstverständnis und die damit verbundene kollektive Erfahrung von Diskriminierung über die Jahrhunderte hinweg, die im Zentrum ihrer Identität steht.

Fahrendes Volk ist dabei aber freilich nur ein Oberbegriff, der von vielen Jenischen auch abgelehnt wird. Er umfasst neben ihnen auch die Roma und Romnija, Sinti und Sintizze, jüdische Handelsreisende und eine breite Palette anderer Menschen, die im Lauf der Geschichte aus den unterschiedlichsten Gründen auf der Fahrt ihren Lebensunterhalt verdient haben und teils noch verdienen. Es wird dich auch nicht überraschen zu hören, dass das je nach Zeit eine enorm große Zahl an Leuten gewesen ist. Vor allem aber: Das ist gar nicht so lange her! Noch bis in die Siebzigerjahre hinein ist es in vielen Regionen Europas gang und gäbe gewesen, dass beispielsweise der Messerschleifer alle paar Monate zuhause vorbeikommt. Frag mal deine Großeltern oder Eltern.

Dieser Begriff Fahrendes Volk ist aber eben nicht gleich Jenisch. Viele wandernde Gruppen waren nämlich auch im 16. oder 17. Jahrhundert schon stark in sich geschlossen oder zogen in Familienbanden durch die Lande. Die Roma- und Sinti-Communitys fallen hier etwa darunter. Jüdische Menschen auf Wanderschaft stellten wiederum aufgrund ihres Glaubens und der Ausgrenzung durch andere – auch durch andere Fahrende – eine einigermaßen geschlossene Einheit dar. Aus Teilen der übrigen Fahrenden, die in Mitteleuropa meist eine Variante des Deutschen sprachen, aus christlichen Kontexten stammten und aus wirtschaftlicher Not auf Wanderung gingen, entstanden mit der Zeit die Jenischen als selbstdefinierte Gruppe. Das Wort bedeutet dabei so viel wie *Wissende*. Aber wie genau es dazu kam, dass sich diese Menschen als Teil einer Gemeinschaft zu sehen begannen, ist so gut wie unmöglich zu sagen. Man kann diese Entwicklung noch am ehesten begreifen, indem man nach den Gemeinsamkeiten sucht, warum sie auf der Fahrt ihr Auskommen verdient haben.

Die wirtschaftliche Not ist dabei der zentrale und alles bestimmende Faktor. Sie hat über die Jahrhunderte immer neue Menschen auf die Straßen geschickt. Ein Grund dafür war die Realteilung, durch die in vielen Gegenden Europas Höfe an alle Söhne gleichmäßig vererbt werden mussten und die am Ende oft nicht mehr tragfähige Hofgrößen übrig ließ. Daneben gab es aber auch immer Menschen, die nicht mal über solch kleine Besitztümer verfügten. Für viele dieser Leute war ein Leben auf der Fahrt als Händler und Händlerinnen oder Anbieter von diversen Dienstleistungen der einzige Ausweg. Über die Leben dieser Reisenden im Mittelalter und der Neuzeit ist leider so gut wie nichts bekannt. Es ist Natur der Sache, dass für die längste Zeit nur die sesshafte Bevölkerung und insbesondere staatliche Akteure über sie geschrieben haben. Einigermaßen verlässliche Quellen liegen uns somit erst ziemlich spät vor. Zur Zeit des Dreißigjährigen Krieges hat die Zahl der Fahrenden in Mitteleuropa stark zugenommen – so viel wissen wir mit Sicherheit. Und spätestens im 17. Jahrhundert kann man wohl vom Entstehen einer jenischen Gruppe ausgehen. Es ist letztlich aber auch nicht so wichtig. Man muss keinen genauen Anfangspunkt finden, denn dass die Jenischen zu einer in sich geschlossenen Gruppe wurden, ist irgendwann nicht mehr von der Hand zu weisen. Nicht zuletzt aufgrund ihrer Sprache.

Jenisch – das ist nämlich nicht nur eine reine Gruppenbezeichnung. Mit der Zeit hat sich das Jenische auch als eigenständige Sprache herausentwickelt. Ihre Wurzeln liegen dabei zwar ähnlich wie beim Jiddischen im Deutschen oder vielmehr in den deutschen Umgebungsdialekten der Fahrenden. Trotzdem ist Jenisch heute für Deutschsprechende nicht mehr verständlich.[24] Das liegt einerseits daran, dass das Jenische neben seiner Funktion als Umgangssprache auch als Geheimsprache nach außen hin gedient hat. Fahrende wurden von Sesshaften und vor allem den aufkommenden staatlichen Beamten und Polizisten stets skeptisch bis feindselig betrachtet. Da war es nun mal nicht unpraktisch, wenn diese nicht verstehen konnten, was genau sie zueinander sagten. Zum anderen übernahm die jenische Sprache auch große Teile ihres Wortschatzes von anderen Reisenden der Straße – aus dem Jiddischen oder dem

---

24 Das würde ich in den nächsten Monaten noch auf die harte Tour erfahren. Mit dem Deutsch von heute hat Jenisch meiner Erfahrung nach jedenfalls wenig zu tun. Es ist aber eine sehr sympathische Sprache. Hauptwörter werden zum Beispiel oft mit der Endung -ing gebildet. Der Kaffee ist somit der Bräunling. Augen sind Scheinlinge. Ich liebe es!

Romanes etwa – was sie heute so schwer verständlich macht. Das Jenische überlappt dabei mit dem, was landläufig als *Rotwelsch* oder gar als *deutsche Gaunersprache* bekannt ist. Die Unterscheidung ist letztlich unmöglich und es spricht einiges dafür, dass die Begriffe *Jenisch* und *Rotwelsch* ein und dieselbe Sprache beschreiben. Nur mit einem gigantischen Unterschied: Rotwelsch ist die negativ konnotierte Außenbezeichnung, während Jenisch die Selbstbezeichnung aus der Gruppe ist. Ich weiß jedenfalls, welchen Namen ich bevorzuge.

Eine gemeinsame Herkunft aus Mitgliedern des fahrenden Volkes. Eine geteilte Geschichte der Armut und Diskriminierung. Mit der Zeit das Entstehen einer eigenen Sprache. Das sind also die Elemente des jenischen Selbstverständnisses.

Ein Fremder unter Fremden?

Um aber mehr über die heutige Gesellschaft der Jenischen, ihre Probleme und Herausforderungen zu erfahren, hat Paul nun zum Glück einen Kontakt für mich. Er hat mit der Wissenschaftlerin Angelika in Innsbruck Verbindung aufgenommen. Sie beschäftigt sich schon lange mit der jenischen Sprache und ist in der Community obendrein hervorragend vernetzt, und so fahre ich ein paar Wochen nach meinem Gespräch mit Paul nach Tirol, um sie zu treffen. Wobei ich schon zugeben muss: Ich nehme eigentlich jede Ausrede wahr, nach Innsbruck zu fahren. Es ist die meiner Meinung nach schönste Stadt Österreichs und damit immer einen Ausflug wert. Diese Mischung aus pittoresker Altstadt und Blick auf die enormen Berge der Nordkette ... das ist nicht leicht zu schlagen. So komme ich an diesem sonnigen Freitag im Mai voller Enthusiasmus und gestärkt von einem ausgiebigen Frühstück im Zugrestaurant in der „Hauptstadt der Alpen" an.

Ich treffe Angelika am frühen Nachmittag im Café Central – wenig überraschend – in der Innsbrucker Innenstadt. Deutlich überraschender finde ich dagegen ihr Auftreten. Ich habe eine stereotypische Wissenschaftlerin von der Uni vor Augen gehabt. Du weißt schon: strenger Blick, noch strengere Frisur, sozial etwas unsicher bis auffällig. Wissenschaftlerin eben. Doch jetzt steht ziemlich das genaue Gegenteil vor mir. Angelika ist eine locker wirkende Frau in ihren Fünfzigern mit kurzen Haaren. Sie bietet mir auch gleich das Du an, was mich außerordentlich erleichtert. Ein wenig nervös bin ich schon gewesen, mich hier mit einer Wissenschaftlerin auf ein Blind Date zu treffen. Da macht ihr entspannter Umgang gleich einen riesigen Unterschied.

Aber ich merke im Gespräch doch schnell, dass Paul mit seiner Warnung nicht ganz unrecht hatte. Obwohl Angelika selbst keine Jenische ist, ist sie vorsichtig, was das Zusammentreffen mit *Gadsche* wie mir angeht. Sie will ihre Kontakte offensichtlich nicht so ohne Weiteres preisgeben. Zumindest nicht, ohne mich vorher auf Herz und Nieren zu prüfen. Und so sitzen wir auf der Terrasse des Cafés und sprechen zwei Stunden lang über alles Mögliche. Über ihren Zugang zu dem Thema, über die jenische Sprache, den Kampf um die Anerkennung als Volksgruppe in Österreich und nicht zuletzt über meine Fragen und was ich hier eigentlich will.

Wie es scheint, bestehe ich den Test aber. Angelika verspricht mir, mich einigen Leuten aus der Community vorzustellen. Vor allem lädt sie mich aber gleich auf zwei Events später im Jahr ein. Die Feckerchilbi im Juni in der Schweiz und den Jenischen Kulturtag im Oktober in Innsbruck. Ich sage liebend gerne beidem zu. Bevor es aber so weit ist, habe ich noch andere Pläne.

Ich möchte nämlich auch mit Jenischen in Deutschland in Kontakt kommen. Denn dort sind sie als Gruppe noch unbekannter als in Österreich oder der Schweiz und haben als Folge mit noch viel größeren Schwierigkeiten der Anerkennung zu kämpfen. Und in der Recherche landet man da dann schnell beim kleinen Städtchen Singen im Süden Württembergs. Singen wird in einigen Zeitungsartikeln als die Hauptstadt der Jenischen in Deutschland bezeichnet. Da muss ich unbedingt hin und so mache ich mich ein paar Wochen später dorthin auf.

> **Übrigens:** Du kannst meine Reisen für dieses Buch auch in Fotos und Videos mitverfolgen! Ich habe über 50 davon für die Empfänger und Empfängerinnen meines Newsletters zusammengestellt.
> Melde dich einfach unter ralfgrabuschnig.com/newsletter an und du bekommst sofort den Link. Natürlich ist der Newsletter kostenlos und mit einem Klick stornierbar.

Mein Vorwissen zur Welt der Jenischen mag zwar immer noch sehr beschränkt sein, aber doch empfinde ich meine Anreise mit dem Zug aus München als extrem passend. Es geht zuerst szenisch durch das Allgäu. Enorme Berge ziehen am Fenster vorbei, bis wir schließlich den Bodensee erreichen und sich das schwäbische Land dahinter öffnet. Mich packt eine Erkenntnis: Das sind genau die Gegenden, aus denen im Mittelalter so viele ausgezogen sind, um als Fahrende ihr Auskommen in der Ferne zu finden. In einigen Fällen haben sich diese Strukturen sogar noch bis ins 19. Jahrhundert gehalten! Die sogenannten Schwabenkinder sind noch in relativ junger Vergangenheit alljährlich aus den Alpen nach Schwaben gewandert, um dort auf Höfen als Aushilfen zu arbeiten und damit ihre Familien daheim zu unterstützen. Ich bin hier unterwegs auf historischen Wegen.

Leider folgt auf die Freude schnell die Ernüchterung. Ich trete aus dem Bahnhofsgebäude in Singen und fühle mich hier wirklich ganz und gar nicht wie in der Hauptstadt der Jenischen. Singen wirkt auf mich vielmehr wie eine Art „Irgendwohausen". Obwohl ich es mit Sicherheit weiß, muss ich mich selbst daran erinnern: Nein, Ralf, du bist in deinem Leben noch nie hier gewesen. Und trotzdem weiß ich genau, wo hier was zu finden ist. Am Anfang der Fußgängerzone der Woolworth, gleich daneben das Backwerk, ein Yorma's hinter mir im Bahnhofsgebäude und weiter die Straße hinunter kommt dann der McDonald's. Deutschland eben. Es dauert bei dieser wohlbekannten Fassade tatsächlich einige Stunden, bis ich dann zum ersten Mal den imposanten Festungsberg Hohentwiel sehe. Sie verstecken ihn gut hinter dem Fünfzigerjahre-Grau.

Nachdem ich um die Mittagszeit im Hotel eingecheckt habe, melde ich mich bei meinem Kontakt Andi. Auf ihn bin ich wirklich gespannt. Er hat auf mich bisher schon einen verdammt lustigen Eindruck gemacht. Auf meine erste Anfrage per E-Mail hat er vor ein paar Monaten kurzerhand mit einer leeren Nachricht und seiner Telefonnummer im Betreff geantwortet. Glaub mir: Es hat eine Weile gedauert, bis ich das durchschaut und dann noch den Mut aufgebracht habe, ihn unangekündigt anzurufen. Danach haben wir zwar noch zwei Mal telefoniert, aber ganz hundertprozentig sicher bin ich mir nicht, ob wir auch wirklich ein Treffen für heute vereinbart haben. Der gute Mann spricht am Telefon so dickes Schwäbisch, es könnte genauso gut Jenisch sein.

Es ist also eine ordentliche Portion Ungewissheit dabei, als ich im Hotel seine Nummer wähle. Anscheinend haben wir uns aber doch richtig verstanden. Andi gibt mir direkt die Adresse seiner Firma am Stadtrand und eine halbe Stunde später schlage ich dort auch schon auf. Die Begrüßung ist ausgesprochen herzlich und wir duzen uns direkt. Andi ist ein stämmiger, kleiner Mann mit einem dafür umso mächtigeren Schnauzer. Bei aller Herzlichkeit wirkt er auf mich aber auch von Beginn an ziemlich einnehmend. Damit würde ich noch recht behalten.

Bevor es weiter ins Gebäude geht, zeigt Andi mir noch den Garten. Auf einer Wand hat er dort ein großes Gemälde mit jenischen Motiven und Wohnwägen stehen – *Scharotl* genannt. Andi macht ein Foto von mir vor der Wand und dann geht es auch schon in sein Büro im Dachgeschoss des Hauses, wo er anfängt zu reden ... und nicht mehr aufhört. Fast drei Stunden lang sprudelt es nur so aus dem guten Mann heraus. Seinen Redefluss unterbricht er nur, wenn er hin und wieder aufsteht, um Fotos oder Dokumente aus einem seiner vielen Ordner im Büro zu nehmen. In diesen sammelt er alles Erdenkliche zur Geschichte, Kultur und Sprache der Jenischen und auf diese Sammlung basiert auch seine Lieblingsphrase, mit der er häufig Sätze beendet: „Habe ich alles. Kann ich alles beweisen".

Andi spricht anfangs lange über die Diskriminierung der Jenischen damals und heute. Seiner Meinung nach werden sie in Singen und anderswo von staatlicher Seite bewusst klein gehalten. Sein Unternehmen ist zum Beispiel in etwas über zwanzig Jahren gleich drei Mal auf Herz und Nieren geprüft und jedes Mal mit hohen Geldstrafen für Kleinigkeiten belangt worden. Das glaube ich ihm durchaus. Es scheint mir aber, Andi bemüht sich auch nicht darum, sich in der Umgebung beliebt zu machen. Versteh mich bitte nicht falsch. Nicht dass er das müsste! Aber doch drehen sich seine Geschichten auffallend oft darum, wie er auf dieser oder jener Veranstaltung diesen Beamten oder jene Politikerin öffentlich angegriffen oder brüskiert hat. Vielleicht hat das etwas mit der Sache zu tun.

Der Frust strömt weiter aus Andi heraus. Er führt aus, wie siebzig Prozent der jenischen Kinder in Singen in Sonderschulen untergebracht sind. Die Erwachsenen leben wiederum zu größten Teilen von Sozialhilfe, weil man ihnen keine andere Chance gibt. Auch wenn ich ihm vieles davon glauben möchte: Seine Zahlen kann ich bei all dem unmöglich überprüfen. Und Zahlen ... die mag Andi leider sehr. Er wirft mit ihnen nur so um sich! Auch wenn es zum Beispiel um die Verfolgungen in der Nazizeit geht. Da spricht er von zigtausenden Jenischen, die unter den Nationalsozialisten verfolgt und vergast worden seien. Ganz außer sich springt er auf, läuft zu einer der Schubladen und holt Fotos hervor, die angeblich jenische Massengräber zeigen. Ich bin skeptisch. Das würde sich schon stark mit der mir bekannten Quellenlage beißen. Sind das nicht vielleicht doch jüdische Opfer des Holocaust auf diesen Fotos? Erneut: Ich kann es nicht überprüfen.

Mit jeder vergangenen Stunde wird es kruder. Andi wechselt das Thema zur Herkunft der Jenischen und möchte mir nun allen Ernstes weismachen, sie seien die einzigen Überlebenden einer vormodernen europäischen Rasse. Diese soll schon lange vor den Indogermanen in Europa gesiedelt und irgendwann nur noch als Fahrende überlebt haben. Er selbst habe noch ganze acht Prozent dieses Blutes in sich, lässt er mich voller Stolz wissen. Wie bei ihm üblich eine auffallend präzise Zahl. Aber bei der nächsten Erwähnung desselben Fakts ein paar Minuten später waren es – so bilde ich mir zumindest stark ein – ohnehin schon elf Prozent.

Ich bin mit jedem Satz verwirrter und ausnahmsweise liegt es nicht an Andis ausgeprägtem Schwäbisch. Erst nach fast zwei Stunden schaffe ich es in einer kurzen Verschnaufpause, ein paar meiner Fragen unterzubringen. Ich möchte von ihm wissen, wie er die Lage der jenischen Sprache einschätzt. Das sieht er nicht allzu negativ. Er erzählt, dass er selbst durchaus Jenisch spricht und sich auch auf Festen mit anderen Gästen in der Sprache unterhält. Es gebe zwar Dialektunterschiede zwischen den verschiedenen Regionen Europas, die spielen laut ihm aber keine allzu große Rolle. Auch über die Bedeutung des „Auf-die-Fahrt-Gehens" erzählt er mir auf meine Nachfrage Näheres. Einerseits gibt es in Deutschland so gut wie keine legalen Stellplätze mehr, was er bedauert. Gleichzeitig kennt er aber noch einige Menschen, die nach wie vor zumindest für einen Teil des Jahres auf Fahrt sind. Nicht zuletzt seine eigene Tochter.

Gegen Ende unseres Gesprächs wendet Andi sich dann schließlich seinem großen Lebensthema zu: der Anerkennung der Jenischen als Minderheit in Deutschland. Für diese kämpft er seit Jahrzehnten verbissen. Er hat zu diesem Zweck nicht nur einen, sondern gleich vier Vereine gegründet, wenn ich mich richtig erinnere – man kann da schon mal den Überblick verlieren. Das inkludiert einen Dachverband, in dem die anderen drei Vereine wiederum Mitglieder sind. In seiner Funktion als Vorsitzender ist Andi in den vergangenen Jahren viel unterwegs gewesen und er erzählt, dass er mit Angela Merkel und Frank-Walter Steinmeier Gespräche geführt habe. Ich kann natürlich wieder nichts davon überprüfen – es ist aber auch nicht so wichtig. Ähnlich wie (wahrscheinlich) Frau Merkel damals bin ich doch recht froh, als ich mich am frühen Abend von Andi verabschieden kann.

Er ist noch so freundlich, mich mit dem Auto in die Singener Innenstadt zu fahren. Ich gönne mir daraufhin ein ausgiebiges

Abendessen und viel, viel Bier. Das Gespräch hat mich ausgelaugt. Aber doch – bei all den Nerven, die man für ein Gespräch mit ihm braucht, merkt man Andi eines an: Er ist verdammt stolz darauf, Jenischer zu sein. Und er widmet sich dem Kampf für die Sache mit Herzblut. Gleichzeitig wirkt er enorm frustriert, dass seine jahrzehntelange Arbeit noch immer keine Früchte trägt. Leider kann ich mir nur zu gut vorstellen, woran das liegen könnte ...

Das Resultat meines Besuchs in Singen ist somit vorhersehbar: Er wirft deutlich mehr Fragen auf, als er beantwortet. Das ist sowieso ein Trend auf all meinen Reisen bisher. Genauso ist es mir auch in Siebenbürgen und in der Lausitz schon gegangen. Umso mehr freue ich mich im Frühsommer dann, dass das erste jenische Großevent des Jahres näher rückt und mir hoffentlich ein paar tiefere Einblicke geben kann: Die Feckerchilbi in der Schweiz. Ich reise ein paar Wochen nach meinem Treffen mit Andi per Zug nach Chur in Graubünden an. Auf der Fahrt vollführt mein Hirn wieder dasselbe Spiel. Ab der deutsch-österreichischen Grenze bei Kufstein kämpft sich der Zug durch gewaltige Berge und Täler und ich habe wieder dieses seltsame Gefühl der Verbundenheit mit der harschen Lebensrealität der Fahrenden vor Hunderten von Jahren. Dann muss ich mich selbst daran erinnern, dass ich hier gerade im klimatisierten Speisewagen sitze und mein Mittagessen genieße. Verdammte Privilegien aber auch! So werde ich die Jenischen von vor zweihundert Jahren nie verstehen – sage ich mir und nehme einen Bissen von meinem Schnitzel.

Nach der Ankunft in der Schweiz ist es dann ohnehin mit jeglicher eingebildeter Verbundenheit vorbei. Darf ich mal kurz eine ernst gemeinte Frage stellen? Ohne den Schweizern und Schweizerinnen unter meinen Lesenden zu nahe treten zu wollen ... aber *was* soll dieses Land bitte?! Ich bin mitten in Europa, habe plötzlich kein Roaming mehr am Handy, jede Kleinigkeit kostet im Supermarkt ein halbes Vermögen und die Leute sprechen eine fremde Sprache, die ich nur unter größter Anstrengung verstehen kann. Es fühlt sich an, als wäre ich am anderen Ende der Welt gelandet, dabei bin ich in einem Nachbarland Österreichs! Auf dem Weg vom Churer Bahnhof zu meinem Hotel laufe ich an einer jungen Spanierin vorbei, die sich am Telefon unterhält, und bemerke zu allem Übel auch noch: Ich verstehe sie besser als die meisten Schweizer um mich herum. Und ich spreche nicht mal Spanisch.

Aber ich möchte auch nicht allzu unfair sein. Abgesehen von all dem ist Chur kein über alle Maßen unangenehmer Ort. Er ist auf zwei Seiten von Bergen umgeben und die Altstadt mit ihrem hübschen Uhrturm schmiegt sich gemütlich ins Tal darunter. Gemütlich – das ist ohnehin ein gutes Wort, um die Schweiz und ihre Bevölkerung zu beschreiben. Man merkt es den Menschen hier an: Sie führen ein gemütliches Leben und es geht ihnen gut. Es scheint in diesem Land wahrlich keine nennenswerten Probleme zu geben und so lebt man eben vor sich hin, ohne sich allzu großen Gedanken über die Welt oder gar das eigene Portemonnaie machen zu müssen. Dieser Wohlstand und die Gemütlichkeit gehen aber offensichtlich auf Kosten von Spannung und Unterhaltungswert.

Dabei könnte es so anders sein. Chur ist immerhin ein ziemlicher diverser Ort! Beim Abendspaziergang laufe ich an der lokalen Niederlassung des Schweizer Fernsehens vorbei, in der die Zentrale des Romansch-Programms untergebracht ist. Und das ist tatsächlich auch eher die Minderheit, die ich hier in Graubünden erwarten würde. Langsam beruhige ich mich und meine Stimmung bessert sich etwas. Es kommt sogar wieder Vorfreude auf die jenische Party morgen auf. Und so spaziere ich zurück in Richtung Hotel und decke mich auf dem Heimweg noch im Discounter für das Abendessen und den nächsten Tag ein. In ein Restaurant bringt mich hier nämlich keiner so schnell – ich glaube nicht, dass meine Bank den dafür nötigen Kredit schnell genug genehmigen würde. Den Abend verbringe ich stattdessen in meiner Kammer unter dem Dach damit, eine ganze Packung vorgeschnittenes Brot mit Frischkäse zu bestreichen und mit Salsiz zu belegen, auf dass es mich den nächsten Tag am Leben halten möge. Die Feckerchilbi kann kommen.

Dass diese Veranstaltung überhaupt noch stattfinden kann, ist ganz und gar keine Selbstverständlichkeit. Denn auch dass es die Jenischen noch gibt, grenzt mit Blick auf die Geschichte fast an ein Wunder. In den letzten zwei Jahrhunderten wurde von staatlicher Seite nun wirklich alles Erdenkliche getan, den Leuten das „Jenische" auszutreiben. Hier in der Schweiz genauso wie in Österreich oder in Deutschland. Dieser Prozess begann überall im 19. Jahrhundert. Davor war eine offene Verfolgung noch kein Thema gewesen. Die Staaten Europas waren zu schwach und dezentralisiert, um so etwas tatsächlich umsetzen zu können. Vor allem konnte sich die Gemeinschaft der Jenischen bis dahin aufgrund ihrer starken sozialen, sprachlichen und wirtschaftlichen Strukturen gut halten. Bis ins 19. Jahrhundert hinein herrschte die Nachfrage für die Waren und Dienstleistungen von Fahrenden, es existierte nach wie vor wirtschaftliche Not und die Ausgrenzung durch die Mehrheitsbevölkerung tat ihr Übriges. All das stärkte die Identität und womöglich sogar die Zahl der Jenischen.

Doch das änderte sich rapide. Die Industrialisierung und verbesserte Warenströme in Europa machten die Dienste von Fahrenden im Lauf der letzten zweihundert Jahre an vielen Orten überflüssig. Gleichzeitig setzten die erstarkenden Nationalstaaten auch aktiv die Sesshaftwerdung ihrer Untertanen – inzwischen meist „Bürger" genannt – weiter durch. Die nun scheinbar allgemein akzeptierte Norm war es schließlich, dass Menschen einen dauerhaften Wohnsitz zu haben hatten. An diesem Wohnsitz hatten ihre Kinder zur Schule zu gehen und das war den Ämtern wiederum bekannt zu geben. Solche neuen Normen stellten das Lebensmodell der Jenischen ganz offen infrage und brachten sie zunehmend in Konflikt mit den staatlichen Behörden.

In Deutschland und Österreich erledigte der Nationalsozialismus sozusagen den Rest. Allerdings wird diese Zeit auch in der jenischen Community selbst oftmals mythisiert und unkritisch dargestellt. Das durfte ich auch selbst schon in Singen erfahren. In Wirklichkeit ist es nämlich gar nicht so leicht zu beziffern, in welchem Ausmaß Jenische zu den Opfern des Nationalsozialismus zu zählen sind. Zwei Dinge lassen sich aber doch mit großer Sicherheit feststellen: Einerseits sind zahlreiche Jenische im Nationalsozialismus verfolgt worden und haben auch den Tod gefunden. Andererseits ist diese Verfolgung aber nicht koordiniert oder auf Basis ihrer „Rasse" geschehen. Im nationalsozialistischen Deutschland wurden vor Kriegsbeginn sogar „Forschungen" angestellt, um die „Rasse" der Jenischen in den Augen des Regimes zu klären. Am Ende stand die offizielle Erkenntnis, dass diese zwar als „arisch", aber „asozial" einzustufen waren.[25]

Infolgedessen kann von keiner gezielten Vernichtung der Jenischen unter der Naziherrschaft gesprochen werden. Das

---

25 Fällt dir auch auf, wie viele Anführungszeichen ich setzen muss, wenn ich nur ein paar Sätze lang über die Ideologie der Nazis rede?

unterschied ihr Schicksal deutlich von der Roma- und Sinti-Bevölkerung Europas, die im Porajmos zu hunderttausenden den Tod fanden.[26] Ganz zu schweigen vom Holocaust an den Juden und Jüdinnen. Trotzdem fanden sich aber auch Jenische in Konzentrationslagern wieder oder wurden in vielen Fällen zwangssterilisiert. Denn man darf bei all dem auch nie vergessen: Es mussten im Unrechtsstaat der Nationalsozialisten keine kollektiven oder rassebasierten Verfolgungen angeordnet werden, um nicht trotzdem Einzelpersonen einsperren, malträtieren oder ermorden zu können. Ganz besonders wenn diese als „asozial" galten und oftmals von den eigenen Nachbarn für Kleinigkeiten angezeigt wurden. Konkrete Opferzahlen unter den Jenischen sind als Resultat dieser komplizierten Lage bis heute unmöglich zu sammeln, selbst wenn Dokumente in gewissen Schubladen in einem Haus am Stadtrand Singens das Gegenteil beweisen wollen.

Das Ende des Krieges und die Niederlage der Nationalsozialisten bedeutete für das Leben vieler Jenischer leider nur ein Ende des Allerschlimmsten. Wirtschaftlich ging es mit den alten Geschäftsmodellen in der Nachkriegszeit nur noch weiter bergab und das stellte viele Jenische vor enorme Schwierigkeiten. Die Staaten Europas verwandelten sich immer mehr in Wegwerfgesellschaften, was Dienstleistungen wie Messerschleifen und andere Reparaturarbeiten unattraktiver machte. Obendrein verstärkten die Staaten aber nun ihre Bemühungen, die „armen Jenischen" endlich zu zivilisieren. In vielen Fällen und in mehreren Ländern entrissen staatliche Organe Familien

---

26 Porajmos ist das Romanes-Wort für den Völkermord unter den Nationalsozialisten. Es ist nicht klar, wie viele ihm zum Opfer fielen. Eine halbe Million Menschen wird oft als grobe Schätzung genannt.

in der Nachkriegszeit koordiniert ihre Kinder, um sie in Heimen oder bei Pflegeeltern aus der Mehrheitsgesellschaft unterzubringen und ihnen auf diesem Weg das „Jenische" auszutreiben. Die Logik erinnert verstörend an die Kinderheime für Native Americans in Kanada und den USA. Dort spielten sich ganz ähnliche Gräuel ab unter dem Leitspruch *Kill the Indian, save the Man*.

In besonders grausigem Ausmaß spielte sich das in der Schweiz der Nachkriegszeit ab. Ausgerechnet in dem Land, in dem Jenische zumindest vom Nationalsozialismus verschont geblieben waren. Das *Hilfswerk für die Kinder der Landstraße* der halbstaatlichen Stiftung *Pro Juventute* nahm in den Fünfziger-, Sechziger- und Siebzigerjahren Hunderte von jenischen Kindern ungefragt in seine Obhut. Das mag zwar der Logik der Zeit entsprochen haben und die Beteiligten mögen dabei nicht alle böse Absichten verfolgt haben. Das Resultat war aber vorhersehbar: In der Schweiz wie auch in Deutschland, Österreich und anderswo wurden bis in die Siebzigerjahre fast alle Jenischen mit Gewalt sesshaft gemacht. Und auch wenn das auf den ersten unkritischen Blick so wirken mag: Das bedeutete für die Betroffenen auch keineswegs das Ende der Diskriminierung. Das Stigma in den Augen der Mehrheitsbevölkerung verschwand nicht über Nacht und Jenische fanden sich auch in ihren neuen Häusern mit der alten Diskriminierung durch ihre Nachbarn konfrontiert.

Aus diesem Grund vermieden es viele von ihnen auch, in der Öffentlichkeit oder mit ihren Kindern Jenisch zu sprechen. Die wohlbekannte Logik der Assimilation ging erneut ans Werk. Die Eltern glaubten, ihren Kindern ein Leben ohne Diskriminierung zu ermöglichen, wenn sie die Sprache nicht an sie weitergaben. Allzu oft bewahrheitete sich diese Hoffnung nicht. Obendrein steht es heute als Folge entsprechend schlecht um die jenische Sprache. Einige Mutige versuchen zwar, sie wiederzubeleben und sogar von einer Alltagssprache zur Literatursprache umzuwandeln. Dem Verfall der Sprachkenntnisse innerhalb der Gemeinschaft konnte das bisher aber nur sehr bedingt entgegenwirken.

Die Ruhe während des Sturms

Ich bin inzwischen seit fast dreißig Minuten auf den Beinen. So gerne ich auch ausgeschlafen hätte: Um halb acht morgens hat mich die brütende Schweizer Sommerhitze aus dem Bett gezwungen. Das hat man nun vom idyllischen Zimmer unter dem Dach, denke ich mir und ärgere mich einmal mehr über mein knausriges Selbst. So heißt es eben schon am Vormittag raus in die Sonne und ab zur Feckerchilbi! Damit gibt es nur ein kleines Problem ... Nirgends auf den Straßen von Chur merkt man etwas von einem Fest. Niemand scheint auf dem Weg dorthin zu sein. Ach was sage ich! Niemand scheint auf dem Weg irgendwohin zu sein! Angesichts der Hitzewelle sind die Straßen der Stadt schon jetzt am Vormittag so gut wie menschenleer. Ich hoffe, die Veranstaltung findet dennoch statt, und wandere weiter, ohne unterwegs auch nur einen anderen Menschen zu sehen. Nach über einer halben Stunde Gewaltmarsch komme ich aber doch beim Veranstaltungsort am Stadtrand an und hier zeigt sich schnell, warum in der Stadt nichts von einem großen Fest zu spüren ist. Es gibt keines. Die Feckerchilbi findet zwar statt, sie ist aber ein durch und durch trauriger Anblick.

Der Festplatz ist nicht mehr als ein großer Schotterparkplatz neben der Churer Einfahrtstraße. Ein paar Wohnwagen bilden einen Kreis um den Platz und am hinteren Ende steht ein kleines Festzelt mit Bühne. Das alles mitten in der Sonne und ohne eine einzige natürliche Schattenquelle. In Anbetracht dessen überrascht es mich wenig, dass kaum jemand hier ist. Das einzige bisschen Stimmung kommt von zwei Drehorgelspielern im Zelt und selbst die werden regelmäßig von Schüssen im Hintergrund unterbrochen. Das hast du schon richtig gelesen. Von Schüssen. Aus Gewehren. Denn wir sind hier immer noch in der Schweiz und die hat bekanntlich keine Armee – sie ist eine Armee. Direkt nebenan liegt einer ihrer vielen Schießplätze und die Milizsoldatinnen und -soldaten sind bereits brav am Üben. Immerhin müssen sie für den nächsten Krieg vorbereitet sein, um sich dann neutral zu erklären und deutsches Gold zu kaufen. Oder so.

Ich drehe trotz langsam einsetzender Todesangst und der siedenden 34 Grad eine Runde über den Platz und schaue mir die Stände näher an. Es gibt fast überall Antiquitäten zu kaufen. Dazu Pelzmäntel und eine ganze Menge anderen Ramsch. Ein besonders schönes Beispiel für Letzteres: Ein Stand verkauft ein Bild von Martin Luther und direkt daneben ein Autokennzeichen aus Idaho. Wer die Verbindung in diesem Gesamtkunstwerk findet, möge sich bitte bei mir melden.[27] Auf der anderen Seite des Platzes finde ich dann aber doch noch ein paar jenische Klassiker mit einem Korbflechter und einem Messerschleifer. Aber der bestbesuchte Stand – auch um diese Uhrzeit schon – ist mit

---

27 Ernsthaft. Wenn du mir erklären kannst, was Martin Luther mit Autos in Idaho zu tun hat, schreib mir an hallo@ralfgrabuschnig.com. Und ja: Ich nehme auch erfundene Antworten.

Abstand der des Schnapsbrenners. Da stehen schon jetzt vor Mittag über zehn Leute in einer Traube und betrinken sich mit Schnaps und Bier. Ich kann sie gut verstehen. Immerhin kostet das Bier hier nur fünf Franken für großzügige, wenn auch eigenartige 0,58 Liter. Das zahlt man in der Churer Innenstadt für einen kleinen Kaffee.

Da muss ich nicht lange überlegen, bis ich mich dem Vorbild der Jungs anschließe und mir auch ein kühles Blondes hole. Sonst gibt es hier scheinbar ohnehin nichts zu tun! Wie oft soll ich denn noch im Kreis laufen und mir dieselben Schallplatten aus den Siebzigerjahren anschauen? Und nein danke. Einen Pelzmantel bräuchte ich nicht mal, wenn es nicht 34 Grad hätte. Nein wirklich. Dann doch lieber mit einem Bier im Halbschatten des Festzelts sitzen. Beim Blick auf den Schotterplatz vor mir merke ich aber doch so langsam, dass das Event – so traurig es auf mich wirkt – für die Menschen hier ein echter Treffpunkt zu sein scheint. Es sind zwar nicht viele Leute da, aber sie sitzen zusammen vor den Wagen und unterhalten sich, andere gehen Kreise und steigen hie und da in die Gespräche ein. Man kennt sich offensichtlich und auch wenn ich mich trotz Bier hochgradig langweile, ist es doch schön zu sehen, dass es anderen nicht so geht.

Zu meinem Glück beginnt mit dem Nachmittag dann doch das allgemeine Programm und ich habe endlich etwas zu tun. Es hätte sonst auch böse enden können. Wie viel Bier kann man bei diesen Temperaturen trinken, ohne bewusstlos umzukippen? Ich bin froh, es nicht rausfinden zu müssen. So spaziere ich erleichtert zur anderen Ecke des Platzes und schaue mir eine nett gestaltete Ausstellung über jenische Geschichte und Kultur an. Dabei lese ich auch so einiges über die aktuellen Probleme mit Stellplätzen in den diversen Kantonen der Schweiz. Das ist scheinbar ein großes Thema für die Radgenossenschaft, die die Feckerchilbi organisiert. Es gibt zwar nur noch knapp dreitausend Fahrende oder Teilzeitfahrende unter den Jenischen – also eine deutliche Minderheit innerhalb der Minderheit – aber sie sind für die größere Gruppe psychologisch doch wichtig. Das kann ich gut nachvollziehen. Wie ich inzwischen glaube verstanden zu haben, ist es eben vor allem dieser Bezug auf die gemeinsame fahrende Vergangenheit, der die Jenischen zusammenhält und ihnen als Identitätsanker dient. Mit Blick auf die Sesshaftwerdung der letzten Generationen und die sich schnell ändernden Lebensrealitäten macht es Sinn, um Stellplätze für diejenigen zu kämpfen, die noch immer für diese Entbehrungen bereit sind und den alten Lebensstil am Leben halten.

Plötzlich überschlagen sich die Programmpunkte! Weiter geht es mit einer Jenischen Kulturführung. Die finde ich anfangs doch etwas arg gewöhnungsbedürftig. Unser Guide beginnt allen Ernstes damit, uns zu zeigen, wie man Kupferkabel schält! Dazu zwei Gedanken meinerseits. Erstens: Wann sollte ich diese Fähigkeit jemals benötigen? Und zweitens: Ist es wirklich so sinnvoll, eine jenische Kulturführung mit einem solch stereotypischen Landstreicher-Motiv zu beginnen? Ich weiß ja nicht ... Aber die weitere Führung wird dann doch noch richtig interessant, zumindest die zwei Drittel, die ich durch das Schweizerdeutsch hindurch verstehe. Wir schauen uns gemeinsam ein *Scharotl* an – den traditionellen jenischen Wohnwagen – und der wirkt nicht grundlegend ungemütlicher als meine Dachkammer in der Innenstadt. Eine Nacht darin würde ich mir durchaus einreden lassen. Als unser Guide gegen Ende der Führung dann über die Bedeutung von Berufen für Jenische redet, holt er aber doch noch einmal ordentlich aus. Er lässt sich gar zu der Aussage versteifen, dass ein „echter" Jenischer eigentlich nie arbeitslos sein kann. Denn berufliche Flexibilität gehöre zum Lebensmodell einfach dazu. Und dann: „Ein Volk ohne Sprache ist kein Volk." Ich weiß nicht, ob ich ihm bei all dem zustimmen kann. Vor allem würde es für die breitere jenische Gemeinschaft mit Blick auf den Verfall der Sprache wohl nichts Gutes bedeuten, wenn dem wirklich so wäre.

Damit nähert sich langsam der Abend. Die Temperaturen sinken ein wenig und nun kommen auch mehr und mehr Gäste auf den Platz. Auch Angelika ist inzwischen da! Sie ist mit ihrem Mann und einem jungen Tiroler angereist, der mir schon während der Führung wegen seines Dialekts aufgefallen ist. Er stellt sich mir als Marco vor und ist Vorsitzender des *Vereins zur Anerkennung der Jenischen* in Österreich. Ich darf mich für den Abend zu ihnen gesellen und wir verbringen die Zeit beim Bewundern der abendlichen Feuershow.

Mit Marco kann ich bei der Gelegenheit noch über einige meiner offenen Fragen reden. So ist mir etwa aufgefallen, dass unter vielen Teilnehmenden der Feckerchilbi ein recht wiedererkennbarer „jenischer Stil" vorherrscht. Gerade bei Männern ist ein mächtiger Schnauzer à la Hulk Hogan auffallend häufig – ganz ähnlich, wie ihn auch Andi in Singen trägt. Viele tragen dazu außerdem einen Ohrring mit einem hängenden Dreieck dran. Marco erklärt mir, dass das Dreieck tatsächlich ein traditionelles und typisch jenisches Symbol ist. Woher es aber kommt und was es genau bedeutet, kann er mir nicht sagen. Ich finde es doch spannend. Durch diesen Stil ist das Jenische für Eingeweihte – zu denen inzwischen scheinbar sogar ich zähle – doch deutlich sichtbarer, als ich das erwartet hätte. Und das immerhin in einer Gemeinschaft, die sich in der Geschichte durch Geheimhaltung auszeichnete. Das geht mir jedenfalls durch den Kopf, ohne zu einer für mich zufriedenstellenden Schlussfolgerung zu kommen. Gegen Mitternacht schaffe ich den Absprung aber und mache mich auf den Heimweg nach Chur. Es hat letztendlich doch wieder eine Menge Spaß gemacht und ich freue mich auf den Jenischen Kulturtag im Herbst in Innsbruck!

Aber den nehme ich nicht allein in Angriff, sondern fahre gemeinsam mit Paul hin. Darüber bin ich wirklich glücklich. Immerhin war er es doch, der mich ursprünglich mit den Jenischen vertraut gemacht hat. Und so treffen wir uns Mitte Oktober frühmorgens – wie könnte es anders sein – im Zugrestaurant der ÖBB und machen uns gemeinsam auf den Weg von Wien nach Tirol. Der Start um zwölf Uhr mittags ist aber leider beim besten Willen nicht für Gäste aus Wien gemacht und so rollen wir trotz allem leicht verspätet – dafür umso illegaler – zu zweit auf Pauls E-Scooter am Veranstaltungsort ein.

Direkt vor der Tür fahren wir beinahe Angelika und Marco über den Haufen – aber wie ich mich freue, sie zu sehen! So irrsinnig es auch klingen mag: Es fühlt sich ein wenig wie Heimkommen an. Paul und ich bekommen sogar trotz Verspätung noch ein Mittagessen spendiert und darauf folgt dann ein abwechslungsreicher Nachmittag mit Reden, einer Lesung und einer Filmvorführung. Der Unterschied zur Feckerchilbi könnte tatsächlich kaum größer sein ... Die Stimmung ist jetzt am frühen Nachmittag schon fast ausgelassen und es sind sicher um die fünfzig Leute hier. Als der Abend schließlich langsam näher rückt, kommen wir auch schon beim Bier mit den Ersten ins Gespräch. Vielleicht liegt es auch nur an mir, aber außerhalb der Schweiz fällt mir das Netzwerken doch merklich leichter. Und für ein Bier muss ich hier nicht mal ein Organ verkaufen!

Ganz besonders herzlich ist kurz darauf die Begegnung mit dem Musiker Mano. Er ist heute hier, um den Kulturtag mit jenischer und Sintimusik zu begleiten. Paul war schon damals für seine Masterarbeit mit ihm in Kontakt und Mano kann sich auch sofort an ihn erinnern – nach immerhin sechs Jahren! Vielleicht aber noch verrückter: Er weiß auch gleich, wer ich bin. Angelika hat eine Podcastfolge, die ich auf der Feckerchilbi aufgenommen habe, offenbar ziemlich breit in der Community geteilt und sie hat es bis zu ihm geschafft. Ich könnte mich wirklich kaum willkommener fühlen ...

Nach dem Konzert finden wir uns dann irgendwann alle vor der Tür des Lokals in der milden Nachtluft wieder. Und mit jedem Bier tun sich dort mehr Themen zwischen den Teilnehmenden auf. Marco debattiert mit einem zweiten Gast angeregt über die Bedeutung der Anerkennung für Jenische. Ihm sei diese sehr wichtig – wenig überraschend, wo er doch im Vorstand des Vereins für die Anerkennung sitzt. Der zweite meint dagegen, dass eine Anerkennung ihm und den allermeisten Jenischen kaum etwas brächte. Für ihn sei der Kern des Jenischseins ein Lebensgefühl, das man durch das Aufwachsen und Leben in der Sippe erfahre. Es sei keine politisch anerkannte Zugehörigkeit und benötige diese auch nicht. Ich erlaube mir als *Gadsche* dazu lieber kein Urteil. Ein anderes Thema, das in den Gesprächen vor der Tür immer wieder aufkommt, ist der Mangel an „Studierten" in der jenischen Community – wie Mano es ausdrückt – und welche Probleme das in der Repräsentanz und Sichtbarkeit mit sich bringt. Umso schöner finde ich es, dass Paul und ich als externe „Studierte" hier so herzlich empfangen werden. Zum krönenden Abschluss kann ich am späten Abend sogar noch das eine oder andere Gespräch auf Jenisch mit anhören. Die Sprache ist also auch nicht so tot, wie ich anfangs befürchtet habe. Spät, aber glücklich geht es also für mich und Paul zurück auf unser Zimmer in einem Innsbrucker Hotel. Was für ein lohnender Ausflug!

Und noch ein Kreis hat sich in Innsbruck überraschend geschlossen. Ich habe dort Manuel kennengelernt, der als fahrender Messerschleifer ausgerechnet in einem Dorf wenige Kilometer von dem meiner Mutter in Kärnten lebt. Welch ein Zufall! Und wenn die slowenische Minderheit dort schon so wenig sichtbar ist, was soll man dann erst über Jenische wie ihn sagen? Manuel hat mich auch gleich eingeladen, ihn bei Gelegenheit mal besuchen zu kommen. Diese Herzlichkeit und Offenheit! Es ist beinahe das Gegenteil dessen, wovor mich Paul am Anfang meiner Reise gewarnt hat.

Ein paar Monate später habe ich dann endlich die Gelegenheit für den Besuch. Kurz vor Weihnachten fahre ich vom Haus meiner Mutter in die Tiefen der Karawankentäler nach Rosenbach/Podrožca. Es sind zwar kaum fünfzehn Minuten Fahrt, aber doch wirkt es hier im Schatten der Berge wie eine andere Welt auf mich. Unterwegs tauchen die ersten slowenischen Ortstafeln und Hinweisschilder auf und erneut denke ich mir, wie faszinierend es ist, ausgerechnet hier einen jenischen Messerschleifer zu besuchen. Ihn zu finden war dagegen nicht allzu schwierig. Manuels Haus ist sofort als solches erkennbar. Am Parkplatz davor hat er einen Wohnwagen, vier oder fünf Autos und sogar ein altes *Scharotl* geparkt, und der Eingangsbereich des Hauses besteht gar aus einem alten Zirkuswagen!

Manuel begrüßt mich herzlich und nachdem er mir seinen Fuhrpark gezeigt hat, sitzen wir mit seiner Frau und seiner Tochter noch eine ganze Weile bei Kaffee zusammen. Manuels Frau erzählt mir davon, wie sie damals in die jenische Welt eingetaucht ist, nachdem sie Manuel kennengelernt hat. Sowohl sie als auch ihre Tochter scheinen einiges mit dieser Welt anfangen zu können. Sie kennen viele Jenische in ganz Europa und beide verstehen sogar die Sprache ein wenig. Als Teil der Community sehen sie sich aber trotzdem nur sehr bedingt. Eine gewisse Unterscheidung zwischen dem Leben Manuels und dem seiner Familie scheint es da offenbar zu geben. Manuel erzählt auch ein wenig von seinem Leben und Beruf hier. Sein Schleifergeschäft kann er ausschließlich mit Stammkunden am Laufen halten und so nutzt er seine verbleibende Zeit und kauft, repariert und verkauft Autos und Wohnwagen. Das erklärt den regelrechten Fuhrpark vor dem Haus. Das *Scharotl* zum Beispiel hat er für sage und schreibe 150 Euro von einem Jenischen in Dresden gekauft und es mit einem Hochlader von dort abgeholt. Ein durch und durch faszinierender Kerl …

Als ich mich dann verabschiede, erzählt er mir noch eine wahnwitzige Geschichte, wie sie am Ende dieses langen Reisejahres für mich kaum passender sein könnte. In Maria Rain/ Žihpolje bei Klagenfurt dürfen Mitglieder seiner Sippe laut ihm bis heute kostenlos auf dem Hof eines Bauern stehen. Warum? Weil sie während des Zweiten Weltkriegs die damalige Bäuerin – eine Kärntner Slowenin – als ein Mitglied ihrer Sippe ausgaben. Dadurch entging sie der Deportation nach Deutschland. Überprüfen kann ich die Geschichte zwar nicht, aber sie wärmt mir doch ganz gewaltig das Herz.

Ein diverses Österreich

Es war so wirklich nicht geplant, aber im Laufe meiner Reisen zeichnet sich doch ein Muster ab. Im Frühling habe ich noch in der Lausitz angefangen – weit weg von Zuhause und das absichtlich. Die Entfernung hat sich dabei aber doch schnell als eine rein geografische herausgestellt. Vieles dort hat mich an Österreich und an Kärnten erinnert. In Siebenbürgen im Frühsommer bin ich diesem Gefühl der Vertrautheit ebenfalls nicht entkommen und mit dem jenischen Alpenraum und ganz besonders dem Besuch bei Manuel habe ich mich zu Jahresende mittendrin im alten Koroška meiner Kindheit wiedergefunden. Ich habe mich dieses gesamte Jahr in konzentrischen Kreisen drumherum bewegt!

Ich kann mich also nicht mehr dagegen sträuben: Es wird Zeit, mich diesem Österreich und seinen ganz eigenen Grenzräumen zuzuwenden. Immerhin ist das Land Österreich selbst doch schon ein Land an der Grenze. Es liegt wie die Lausitz an der alten Ostgrenze des deutschen Sprachraums und ist durch und durch geprägt von der slawischen Völkerwanderung und der deutschen Siedlung nach Osteuropa.[28] Entsprechend reich ist Österreich auch an historisch gewachsenen, nicht deutschsprachigen Minderheiten. Und was diesen Teil Österreichs betrifft, hatte ich nun wirklich großes Glück. Denn ich wurde schon vor einiger Zeit in diese Welt eingeladen, ohne überhaupt

---

28 Habe ich Österreich gerade als Teil Osteuropas bezeichnet? Kann man sowas denn bringen? Ach scheiß doch der Hund drauf. Mit Blick auf die Korruption in diesem Land ist das eine durchaus angemessene Einordnung. Und hat nicht ausgerechnet Fürst Metternich mal gesagt, der „Balkan beginnt am Rennweg" in Wien? Guter Mann! (Update: ChatGPT behauptet, er hätte das nie wirklich gesagt. Entscheide selbst, wer hier lügt.)

danach gefragt zu haben.

Während der Coronazeit hat sich der *Hrvatski Akademski Klub* bei mir gemeldet. In diesem Club vernetzen sich Studierende in Wien, die der kroatischen Minderheit im Burgenland angehören. Sie organisieren Veranstaltungen und publizieren mit dem Magazin *Novi Glas* (Neue Stimme) außerdem seit Jahrzehnten eine Zeitschrift. Und da suchten sie jetzt ausgerechnet jemanden für ein historisches Podcastformat! So kam es also, dass ich vor einiger Zeit mit Michael in Kontakt gebracht wurde, seines Zeichens burgenlandkroatischer Historiker aus dem kleinen Ort Nikitsch/Filež an der österreichisch-ungarischen Grenze.

Damit tat sich eine ganz neue Welt für mich auf. Als Österreicher aus ... nun eigentlich egal welchem anderen Bundesland ... weiß man tendenziell eher wenig über das Burgenland. Dieses östlichste Bundesland Österreichs war für mich immer ein weißer Fleck auf der Landkarte. Es schlängelt sich entlang der ungarischen Grenze von Nord nach Süd, stört dabei auch niemanden so wirklich, aber hin fährt man trotzdem nicht. Dafür gibt es auch nicht viele Gründe. Das Burgenland hat auf touristischer Ebene eigentlich nur ein paar Thermen und den Neusiedler See zu bieten. Der ist zwar passenderweise nach Neuankömmlingen aus der Zeit der deutschen Ostsiedlung benannt, ist und bleibt aber ein durchschnittlich eineinhalb Meter flacher Steppenteich. Für mich war das nie eine übermäßig einladende Ferienoption. Abgesehen davon gibt es im Burgenland dann noch Wein, aber erstens gibt es den auch überall sonst im Osten Österreichs und zweitens – und das sollte im Laufe dieses Buches nun wirklich klar geworden sein: Ich trinke Bier!

Aber sei's drum. Mein Bezug zum Burgenland würde sich nach dieser Kontaktaufnahme durch den Klub doch ziemlich radikal und schnell ändern. Und wie es der Zufall so will, ist es kurz nach meiner Rückkehr aus der Lausitz, dass ich meine erste Reise ins Burgenland unternehme. Wir wollen mit Michael eine Podcastfolge vor Ort aufzeichnen und ob man es nun glaubt oder nicht: Mit der Anreise fangen die Herausforderungen auch schon an.

> **Übrigens:** Du kannst meine Reisen für dieses Buch auch in Fotos und Videos mitverfolgen! Ich habe über 50 davon für die Empfänger und Empfängerinnen meines Newsletters zusammengestellt.
> Melde dich einfach unter ralfgrabuschnig.com/newsletter an und du bekommst sofort den Link. Natürlich ist der Newsletter kostenlos und mit einem Klick stornierbar.

Es ist von Wien aus tatsächlich relativ einfach, nach Sachsen, nach Chur oder sogar nach Siebenbürgen zu kommen – wenn Letzteres auch nicht unbedingt bequem ist. Die öffentliche Anbindung an das Burgenland ist vom Rest Österreichs aus dagegen hundsmiserabel. Das Burgenland war noch bis 1921 Teil Ungarns und Straßen und Eisenbahnen waren lange Zeit auf Budapest hin ausgerichtet. Wenn man heute, immerhin lockere hundert Jahre später, beispielsweise mit dem Zug von Wien in die burgenländische Hauptstadt Eisenstadt fahren will, muss man oft noch in einem Kleinstort namens Wulkaprodersdorf umsteigen. Für eine Entfernung von nicht mal sechzig Kilometern! Es ist in etwa so, als müsste man auf dem Weg von Berlin nach Potsdam in irgendeinem brandenburgischen Dorf den Zug wechseln. Und wenn sogar Berlin und Brandenburg es irgendwie schaffen ...

Aber an diesem Frühlingstag muss ich zum Glück nicht nach Eisenstadt. Von Wien aus geht es stattdessen mit einem Regionalzug in einen mindestens gleich dubios wirkenden Ort namens Deutschkreutz. Der Zug dorthin fährt zwar direkt, führt dabei aber über Sopron in Ungarn. Einmal raus aus Österreich und auf der anderen Seite wieder rein also. Ich frage mich unterwegs nicht nur einmal, ob ich auch wirklich im richtigen Zug sitze. In Sopron steigen fast alle anderen Fahrgäste aus und der Zug macht keine Anstalten, allzu bald weiterzufahren. Ich gehe im Kopf schon die ungarischen Worte durch, wie ich mich beim Schaffner erkundigen könnte. Aber tatsächlich fährt der Zug dann wieder an und es geht zurück nach Österreich. Aber doch in ein sehr anderes Österreich ... Die Gegend im Süden Soprons – Ortschaften wie Filež, Mjenovo, Veliki Borištof – ist *Krowodngebiet*, wie man im restlichen Burgenland oder Gradišće sagen würde. Es ist burgenlandkroatisches Gebiet. Und wie diese Burgenlandkroaten und -kroatinnen dort hinkamen, unterscheidet sich doch von allen anderen Gruppen, die ich bisher auf meinen Reisen für dieses Buch getroffen habe.

Im Gegensatz zur Lausitz oder Kärnten haben wir es im Burgenland nämlich mit keiner alten slawischen Bevölkerung der Völkerwanderungszeit zu tun, die dann erst im Zuge der deutschen Ostsiedlung in eine Minderheitenposition gedrängt worden ist. Vielmehr ähnelt die Geschichte der der deutschen Ostsiedlung selbst. Die ersten kroatischen Siedler und Siedlerinnen kamen nämlich im Zuge eines groß angelegten Siedlungsprogrammes in das heutige Burgenland! Nur fand das erst viele Jahrhunderte nach der Ostsiedlung im 16. Jahrhundert statt und war gewissermaßen eine Begleiterscheinung der sogenannten Türkenkriege jener Zeit.[29]

---

[29] Das waren in Wirklichkeit freilich Kriege der Habsburger Monarchie und anderer mitteleuropäischer Dynastien gegen das Osmanische Reich, in dem keinesfalls nur Türken und Türkinnen lebten. Von der ausgesprochen diversen ethnischen Zusammensetzung des osmanischen Heeres ganz zu schweigen. Nicht dass diese Tatsache die FPÖ in der Vergangenheit davon abgehalten hätte, mit dem Beispiel der Wien-Belagerung ein verhetzendes Türkenbild zu zeichnen.

Insbesondere das ungarische Königreich hatte zu diesem Zeitpunkt beide Hände voll mit der Verteidigung seiner Grenzen zu tun. Das haben wir nicht zuletzt in Siebenbürgen schon gesehen. In den Jahrhunderten davor hatte sich das Osmanische Reich immer weitere Stücke der Balkanhalbinsel unter den Nagel gerissen. Die Schlacht am Amselfeld von 1389 ist dir in dem Zusammenhang vielleicht ein Begriff. Zumindest wenn du im Leben auch nur ein Wort mit einem nationalbewussten Serben gewechselt hast, bist du an dieser Auseinandersetzung wohl nicht vorbeigekommen.[30] Das Königreich Ungarn lag als Resultat schon eine Weile direkt an der Grenze zum gefährlich expandierenden Osmanischen Reich.

Im Laufe des 15. und frühen 16. Jahrhunderts nahm der Druck von osmanischer Seite immer weiter zu. Im ungarischen Kernland war die Lage zwar noch halbwegs unter Kontrolle, aber insbesondere für die Menschen in den grenznahen Gegenden weiter südlich wurde das Leben bald ziemlich ungemütlich. Osmanische Stoßtrupps – liebevoll als „Renner und Brenner" bezeichnet, wenn sie auch eigentlich *Akıncı* hießen – stießen regelmäßig über die Grenze in ungarisches und vor allem kroatisches Gebiet vor. Die beiden Länder waren seit Jahrhunderten in einer Personalunion verbunden. Diese Angriffe waren nicht nur alles andere als angenehm für die bäuerliche Bevölkerung vor Ort. Sie waren auch ein wachsendes Problem für die landbesitzenden Adeligen, wenn diese sich selbst auch in gemütlicher Entfernung aufhielten und persönlich nicht viel zu

---

30 Es ist wissenschaftlich ohne nennenswerte Zweifel erwiesen, dass Gespräche in einer Länge von mehr als 25 Sekunden mit nationalbewussten Serben nicht möglich sind, ohne über das Amselfeld zu sprechen. Dabei war diese Schlacht nur eine von vielen, die die christlichen Reiche Südosteuropas gegen die Osmanen führten – und bei Weitem nicht die wichtigste.

befürchten hatten.

Diese meist ungarischen Adeligen kamen nun Anfang des 16. Jahrhunderts auf eine wahrlich brillante Idee: Warum nicht einfach die Bauern und Bäuerinnen Kroatiens aus der Schusslinie holen und in andere Gebiete unter der Kontrolle derselben Adeligen umsiedeln? Das wäre doch eine Win-Win-Situation! Die Menschen aus dem Grenzraum konnten sich in das etwas sicherere Landesinnere retten und dort eine neue Existenz aufbauen. Ihre Herren konnten diese unterentwickelten Gegenden wiederum bevölkern und damit in Zukunft Steuern einnehmen. Eine Sache stand für sie schließlich schon immer außer Frage: Ein toter Untertan zahlt keine Steuern und mit unbewirtschaftetem Land lässt sich fiskalisch auch nicht so viel anfangen.

Der Blick der ungarischen Fürsten wanderte dabei bald in Richtung heutiges Burgenland. Die Gegend war bestens für eine solche Umsiedlungsaktion geeignet. Obwohl der Boden in diesem Teil Westungarns an und für sich ertragreich war, war das Gebiet durch vorhergegangene Kriege, eine klimabedingte Agrarkrise und die resultierende Landflucht seit Jahrzehnten unterbesiedelt und verwüstet. Dieser Ausdruck „verwüstet" ist dabei durchaus wörtlich zu nehmen. Es gab hier massenhaft wüst gewordene, also verlassene Orte und die brachten den werten Grundherren keinerlei Einnahmen ein. So kommt es also Anfang des 16. Jahrhunderts zu einer Bevölkerungsumschichtung, die es in dieser Größe schon lange nicht mehr gegeben hatte. Genaue Zahlen sind zwar schwer zu finden und hoch umstritten, aber im Verlauf von etwas mehr als hundert Jahren wurden mehrere zigtausend Menschen aus meist kroatischen Grenzgebieten nach Westungarn – ins heutige Burgenland – umgesiedelt. Eine halbwegs glaubwürdige Schätzung könnte im Bereich der 20.000 Menschen liegen.

Auf praktischer Ebene geschah diese Umsiedlung auf eine ganz ähnliche Art, wie wir es schon in Siebenbürgen gesehen haben. Sie wurde auch hier von Lokatoren organisiert, die oftmals aus dem Kleinadel stammten und entweder auf eigene Rechnung oder direkt im Auftrag einer Hochadelsfamilie tätig wurden. Das alte Geschäftsmodell war also noch nicht aus der Mode gekommen. Natürlich taten diese Lokatoren das auch hier nicht aus Nächstenliebe. Wie im Kontext der deutschen Ostsiedlung winkten ihnen für ihre Dienste Belohnungen, ob diese nun in monetärer Form waren oder in Gestalt von besonders attraktiven Gütern in der neuen Heimat daherkamen. Aber auch die einfachen Leute konnten bei der Umsiedlung von Vergünstigungen profitieren. Abhängig vom Ort und der Grundherrschaft erhielten sie im Burgenland Steuernachlässe oder die Befreiung von Frondiensten – den etwas „mittelalterlich" anmutenden, unbezahlten Arbeitsdiensten für den Grundherrn. In gewisser Hinsicht gestaltete sich der Deal sogar noch attraktiver als in Siebenbürgen vier Jahrhunderte zuvor: Eine Urbarmachung des Landes war nämlich in den allermeisten Fällen nicht Gegenstand dieser Abmachung. Der größte Teil des Burgenlands war bereits bewirtschaftet gewesen und so konnten die Menschen in die kürzlich verwüsteten Siedlungen ziehen und diese neu aufbauen.

Im Ergebnis entstanden somit einigermaßen zügig kroatische Dorfstrukturen in der neuen Heimat. Doch geschah das nicht ganz ohne Haken. Eine Folge der anhaltenden Kriege zwischen Habsburgern und Osmanischem Reich war nämlich, dass die Kontakte zwischen den kroatischen Siedlern und Siedlerinnen im Burgenland zu den anderen kroatischen Regionen des Reiches bald verloren gingen. Das Burgenland geriet in eine Insellage und das ist heute nicht zuletzt in der Sprache noch überaus spürbar. Im Burgenland hört man nämlich wahrlich nichts, was dem heutigen Standardkroatisch sonderlich nahestünde.

Die Basis der diversen burgenlandkroatischen Dialekte ist dabei die Region, aus der die jeweiligen Menschen eines Dorfes ursprünglich kamen. Diesen Bezug höre sogar ich in der Aussprache vieler Wörter und vor allem gewisser Vokalkombinationen – und ich beherrsche immerhin „nur" Standardkroatisch und das als Fremdsprache.[31] Gleichzeitig sprechen Menschen im Burgenland klarerweise auch nicht wie Menschen in den kroatischen Herkunftsregionen wie der Krajina oder Lika heute. Sie sprechen wie Menschen in der Krajina oder Lika vor vierhundert Jahren gesprochen haben – und das durchmischt mit einer ganzen Menge ungarischer und deutscher Lehnwörter. Im Gegenzug fehlt dem Burgenlandkroatischen dafür der türkische Einschlag, der den kroatischen Wortschatz so wunderbar bereichert, auch wenn das die Nationalisten da unten ungern hören.

Mich stellt das noch heute regelmäßig vor Herausforderungen. Als ich mich für die Aufnahme der ersten Novi Glas-Podcastfolge per Zoom mit Michael zusammensetzte, staunte

---

[31] Ja, ja, ja. Ich weiß schon, die Nerds unter den Leser:innen hier wollen wahrscheinlich Beispiele hören. Also: Eine Sache, die die allermeisten burgenlandkroatischen Dialekte auszeichnet, ist, dass sie *ikavisch* sind. Standardkroatisch ist dagegen *ijekavisch*. Das ändert die Aussprache gewisser Vokale. Das Wort für *Milch* ist im Standardkroatischen etwa *Mlijeko* und im Burgenlandkroatischen *Mliko*. Im Serbischen ist es übrigens *Mleko*, denn Serbisch ist – na, kannst du es erraten? – richtig: *ekavisch*. Um die Sache noch komplizierter zu machen (bedank dich bei den Nerds): Die meisten burgenländischen Dialekte sind obendrein čakavisch. Das Fragewort *was* ist bei ihnen ča. Im Standardkroatischen wie im Serbischen ist es što oder šta. Das nennt man dann Štokavisch. Es gibt auch noch *Kajkavisch* aber jetzt ist es wirklich genug hier mit der Fußnotlerei. Öffne einfach Wikipedia.

ich erst mal nicht schlecht, als wir den kroatischen Teil erreichten. Der gute Mann plapperte da fröhlich drauf los und ich verstand nicht mal die Hälfte seines Wortschwalls! Mit der Zeit habe ich mich etwas daran gewöhnt und bin inzwischen bei stolzen achtzig Prozent. Ich habe mich damit lange Zeit ehrlich gesagt auch ziemlich gut gefühlt, bis ich irgendwann feststellen musste, dass dieses Level nur auf Michaels ganz spezifischen Dialekt aus Filež zutrifft. Sobald jemand aus einem anderen Dorf kommt – und mag es nur ein paar Kilometer entfernt sein – stehe ich schon wieder an.

Aber ich beschwere mich nicht. Man muss in Wahrheit froh sein, dass es diese wundersame Sprache überhaupt noch gibt. Im Königreich Ungarn sahen sich Kroatischsprechende immerhin sofort nach ihrer Ansiedlung mit den ersten Assimilationsbestrebungen konfrontiert. Das betraf vor allem die ohnehin überschaubare kroatische Oberschicht. Der zahlenmäßig kleine Adel assimilierte sich rasend schnell ins Ungarische und als einzige Schicht der Intelligenzija blieben schon bald nur noch die Pfarrer übrig. Sie würden noch bis weit ins 19. und sogar 20. Jahrhundert hinein die Anführer beinahe aller kulturellen oder politischen Bewegungen stellen und waren auch als Lehrer enorm wichtig. Eine Begleiterscheinung dessen ist, dass das Burgenland bis heute fast ausschließlich katholisch ist. Die Reformation kam zwar im 16. Jahrhundert auch hierhin – also direkt nach der ersten Ansiedlungswelle aus Kroatien. Und dadurch angeregt entstanden immerhin auch die ersten kroatischen Bücher und niedergeschriebenen Kirchenlieder. Dennoch verfing die neue Religion hier aber kaum. Das spiegelt sich neben der kroatischen auch in der deutschen und ungarischen Bevölkerung.

Mit Blick auf den Erhalt der Minderheit war das wohl auch

ganz gut so. Wie in der Lausitz stellte sich die Katholische Kirche in der Folgezeit als eine recht brauchbare Bewahrerin der kroatischen Sprache und Kultur heraus. Insbesondere im 19. Jahrhundert erwies sie sich als entscheidender Faktor, als – wie in Siebenbürgen – erstmals gezielte Versuche der Magyarisierung von Budapest aus erfolgten. Auch aufgrund des Widerstands des kroatischen Klerus, der weiterhin Gottesdienste auf Kroatisch abhielt, ging dieser Plan nie ganz auf. Die burgenlandkroatische Sprache konnte in ihren vielen Varianten somit auch ins neue Jahrhundert hinein überleben.

Aber mit Ende des Ersten Weltkriegs änderte sich im Burgenland alles und stellte den Status quo in ganz neuer Vehemenz infrage. Auch das spiegelt sich mit den Entwicklungen in Siebenbürgen zur selben Zeit. Mit der Kriegsniederlage wanderte das Burgenland vom ehemals ungarischen Reichsteil der Monarchie zur nun österreichischen Republik. Diese Grenzverschiebung war Teil der Friedensverträge von Saint-Germain und Trianon – der jeweiligen Äquivalente für Versailles in Österreich und Ungarn. Die sahen im Ergebnis vor allem für Ungarn nicht erbaulich aus. Das Land verlor im Vertrag von Trianon sage und schreibe zwei Drittel seines Staatsgebietes! Die größten Teile gingen dabei zwar an die neuen Staaten der Tschechoslowakei und Jugoslawien sowie – wie wir gesehen haben – an Rumänien. Ganz im Westen wurde mit dem bald sogenannten Burgenland aber auch ein kleines Stückchen ungarisches Land an den Verliererstaat Österreich abgetreten.

Abgesehen vom schweren Trauma für nationalistische Politiker in Budapest – darf ich um eine Schweigeminute für diese armen Herren bitten? – brachte das auch vor Ort im Burgenland einige Herausforderungen mit sich. Die miserablen Verkehrsverbindungen habe ich bereits angesprochen. Aber natürlich ist das nur ein Symptom. Auch die Handelsströme und damit die gesamte Wirtschaft der Region waren jahrhundertelang an einer Ost-West-Achse ausgerichtet gewesen. Nun entstand hier plötzlich ein lang gestrecktes, von Norden nach Süden verlaufendes neues Bundesland in Österreich. Und noch schlimmer: Ausgerechnet die wichtigste Stadt des Gebiets befand sich nach einer Volksabstimmung auch noch auf der anderen Seite der Grenze: Sopron – beziehungsweise Ödenburg oder Šopron. Durch diese Stadt führte mich mein Zug nach Deutschkreutz, und damit ist der doppelte Grenzübertritt auch erklärt.

Die wirtschaftliche Umstellung war dabei nur eine Seite der Medaille. Politisch und kulturell waren die Veränderungen für Burgenlandkroaten und -kroatinnen mindestens gleich einschneidend. Sie fanden sich plötzlich in einem deutschen Kleinstaat wieder, wo sie zuvor in einem multikulturellen Großreich gelebt hatten. Das war vor Ort zwar keine völlig neue Situation. Das Zurechtfinden als sprachliche Minderheit in einem teils feindlich gesinnten Staat war man aus Ungarn bestens gewohnt und auch die deutsche Sprache war den meisten Kroatischsprechenden zumindest nicht fremd. Auch im alten Westungarn hatten schon viele Deutschsprachige gelebt. Gesamtstaatlich hatte sich die ethnische Verteilung in Österreich aber doch radikal zum Deutschtum hin gewandelt. Diese neue Republik Österreich war ein fast durch und durch deutscher Staat, was er vorher noch nie gewesen war. Und mit diesem Staat musste man sich bald auch stärker auseinandersetzen, als das noch in Ungarn der Fall gewesen war ...

Wir sind in der Zwischenkriegszeit und damit brach auch im Burgenland endgültig die Moderne an. Die alte in sich geschlossene Agrargesellschaft zeigte mehr und mehr Risse. Durch die

Industrialisierung zogen Jahr für Jahr mehr Menschen in die Städte und für das Burgenland, das keine eigenen Städte besaß, bedeutete das automatisch den Wegzug in deutschsprachiges Gebiet. Insbesondere im Norden entstand durch das Pendeln in Richtung Wien sogar erstmals eine Arbeiterschicht im traditionell bäuerlichen Burgenland. Weiter südlich gestaltete sich dieser Wandel zwar langsamer, aber doch nahm der Druck auf die Minderheit überall zu. Als der ehemals christlich-soziale Kanzler Engelbert Dollfuß in den Dreißigerjahren dann einen faschistischen Staat in Österreich errichtete, konnten sich als Resultat weite Teile der burgenlandkroatischen Elite mit dem Projekt identifizieren. Immerhin sprach sein sogenannter Ständestaat mit seinen ultrakonservativen Werten viele kroatische, meist nach wie vor kirchliche Intellektuelle an. Diktator Dollfuß war obendrein für die minderheitenfreundlichsten Schulgesetze der ganzen Zwischenkriegszeit verantwortlich.

Es war aber eigentlich nicht ausschlaggebend. Das austrofaschistische Experiment dauerte ohnehin nur fünf Jahre an und in der darauffolgenden Nazizeit ab 1938 sah die Lage für die burgenlandkroatische Minderheit doch deutlich anders aus. Wie auch in der Lausitz folgten auf eine kurze Phase der versuchten Vereinnahmung durch das Regime bald Verfolgung und Unterdrückung. In der Öffentlichkeit Kroatisch zu sprechen wurde bald sanktioniert. Die Kirche als immer noch einflussreichste Institution der Minderheit stand genauso im Kreuzfeuer der Nationalsozialisten und das Schulsystem wurde selbstverständlich ebenfalls germanisiert. In einer besonders absurden Maßnahme nahm der nationalsozialistische Staat den burgenlandkroatischen Musikvereinen sogar ihre Instrumente weg. Diese Erfahrungen – wenn sie auch in den meisten

Fällen deutlich weniger einschneidend waren als für viele Mitglieder der kärntner-slowenischen Community – prägten auch die Nachkriegszeit des Burgenlands noch nachhaltig.

Der Assimilierungsdruck blieb nach dem Krieg weiterhin hoch und das Pendeln nahm im anbrechenden Autozeitalter ganz neue Ausmaße an. Die Zahl der Kroatischsprechenden im Burgenland sank als Resultat konsequent. Nicht einmal mehr zehn Prozent der Burgenländerinnen und Burgenländer bekannten sich nach Kriegsende noch zur Minderheit. Zum Zeitpunkt der Ansiedlung hatten sie noch ein geschätztes Drittel der Gesamtbevölkerung ausgemacht. Dabei steht es in der Zweiten Republik rechtlich gesehen deutlich besser um die Minderheit als jemals zuvor. Im Jahr 1955 wurde in Moskau der Staatsvertrag unterzeichnet, durch den in Österreich die alliierte Besatzungszeit zu Ende ging und die Zweite Republik als voll unabhängiger Staat begann. Dieser Vertrag enthält auch einen ganzen Artikel zu den Minderheitengruppen in Österreich. Ihnen werden darin weitgehende Rechte eingeräumt, was die freie Nutzung der Sprache in der Öffentlichkeit, auf Ämtern und vor Gerichten, das Recht auf freie Organisation und Medien, auf die Anbringung von zweisprachigen topographischen Anschriften und auf Schulbildung in der Minderheitensprache betrifft. Anspruch und Realität klaffen aber auseinander. Wie auch anderswo wurde der Staatsvertrag im Burgenland nur äußerst schleppend umgesetzt, selbst wenn es nie zu gewalttätigen Auseinandersetzungen wie in Kärnten kam.

Und doch ist die burgenlandkroatische Sprache zumindest in ihrem Kerngebiet sehr lebendig. Das merke ich auf meiner ersten Reise nach Filež schon gleich nach meiner Ankunft. Michael holt mich vom Bahnhof in Deutschkreutz ab und wir fahren die paar Kilometer zu ihm ins Haus nach Filež. Mit seinen

Nachbarn spricht er im Vorbeigehen selbstverständlich Burgenlandkroatisch. Auf der Straße drückt mir sogar noch jemand ein Flugblatt in die Hand. Dieser lädt ebenfalls auf Deutsch und Kroatisch zur ... und ich wünschte das wäre ein Scherz ... Weihung einer neuen Arztpraxis. Es ist ein bisschen komisch hier bei den Krowodn.

Das Burgenland ist bei all dem aber nur eines der vielen Beispiele für das immer noch ziemlich slawische Österreich. Inzwischen sind hierzulande sogar vier slawischsprachige Minderheiten anerkannt[32] und da sprechen wir noch gar nicht über die massive Präsenz ex-jugoslawischer Einwanderer und Einwanderinnen im ganzen Land.

---

32 Neben der burgenlandkroatischen und kärntner-slowenischen auch die tschechische und slowakische Volksgruppe.

Urlaub in der Heimat

Dank der Vermittlung durch den kroatischen Klub ergibt sich für mich im Sommer auch die vielleicht beste Gelegenheit, nicht nur mehr über dieses so diverse Österreich, sondern gleich über Minderheiten in ganz Europa zu lernen. Ich bekomme Ende Juni die Möglichkeit, am Diversity Festival der JEN teilzunehmen – der Jugend europäischer Nationalitäten. Das ist eine einwöchige Veranstaltung mit über dreißig Teilnehmern und Teilnehmerinnen aus Minderheitengruppen in ganz Europa. Und sie findet wo statt? Ausgerechnet in Kärnten!

Eine Woche mit Anfang-Zwanzigjährigen in der alten Heimat also ... Sogar frisch erholt und fit würde mich so eine Woche ziemlich herausfordern. Leider reise ich aber nicht etwa ausgeschlafen und bequem von Wien aus ins kärntnerische Eberndorf/Dobrla Vas an. Nein: Ich komme direkt aus Siebenbürgen. Das bedeutet zehn Stunden Nachtbus, Umsteigen in Wien, weiter in den Zug nach Klagenfurt und von dort mit einer Regionalbahn in den Süden. Insgesamt sind es fast zwanzig Stunden Anreise und ich komme am Ende hundemüde am Bahnhof Völkermarkt an.[33] Dort holen mich zwei Mitglieder des kärntner-slowenischen Organisationsteams ab.

Mit Erholung ist auf solchen Veranstaltungen aber leider nicht zu rechnen. Nach einer schnellen und dringend benötigten Dusche geht es noch am selben Nachmittag an die Auswahl der Workshops für die kommende Woche und dann direkt weiter zum Opening-Karaoke-Abend. Mit einem Notfallkaffee schaffe ich es sogar, den Abend halbwegs erfolgreich zu überstehen.

---

33 Das muss wohl ganz offiziell der Kärntner Ort mit dem furchtbarsten deutschen Namen sein. Velikovec klingt schon deutlich besser.

Er endet wie eigentlich immer, wenn ich mit der kärntner-slowenischen Community zusammenkomme: Wir singen spätnachts jugoslawische Rock- und Poplieder aus den Achtzigerjahren. Auf Serbokroatisch, denn Slowenisch kann ich noch immer nicht. Peinlich.

Aber zumindest kann ich mich hier ganz gut von der Schande ablenken. In den nächsten Tagen lerne ich die anderen Teilnehmenden besser kennen. Natürlich sind in einem Ort wie Dobrla Vas viele Kärntner Slowenen und Sloweninnen da. Mein Zimmerkollege ist ebenfalls ein junger Slowene, allerdings aus der Gegend um das italienische Triest. Daneben lerne ich noch Friesen aus den Niederlanden, Däninnen aus Deutschland, zwei Sorben und eine Rätoromanin aus Graubünden kennen. Sie findet die Geschichte meiner Reise nach Chur ausgesprochen unterhaltsam und kann auch überhaupt nicht nachvollziehen, was mich an der Schweiz so stört. Vielleicht sollte ich ihr dieses Buch schicken.

Wir haben eine intensive Woche vor uns. Im von mir tollkühn ausgewählten Workshop *Chorgesang und Tanz* üben wir täglich mehrere Stunden lang slowenische, jiddische und afrikanische Lieder und erarbeiten Tänze dazu. Und ob du es glaubst oder nicht: Nach einer Weile fühlt man sich auch gar nicht mehr so blöd dabei. Und nein: Es gibt keine Videos.[34] Abends stehen jeden Tag unterschiedliche Events auf dem Plan. Eine Sache eint sie aber: Sie scheinen allesamt in erster Linie Ausreden zum Besaufen zu sein. Da ist es letztendlich auch ziemlich gleichgültig, ob der Abend nun als „Cultural Exchange Market" oder „Open Stage" betitelt ist … Letztere Open Stage ist aber doch eine ganz besonders absurde Erfahrung. Da stimmen irgendwann alle anwesenden Slowenen und Sloweninnen gemeinsam

---

34 … die ich dir zeigen würde!

das Achtziger-Weihnachtslied *Na božično noč* an. Es ist Juni.

Ein besonderes Highlight der Woche ist für mich aber der Ausflugstag. Die Gegend um Dobrla Vas – das Jauntal – kenne ich so gut wie gar nicht. Kärnten mag zwar nicht übermäßig groß sein. Aber es gibt doch Gegenden, in die man so gut wie nie kommt, wenn man auf der anderen Seite des Landes wohnt. Alles gliedert sich hier nach Tälern. Es gibt da das Drautal. Die wollen nichts mit den Leuten im Mölltal gleich nebenan zu tun haben. Das Gailtal weiter südlich ist sowieso allen suspekt – nicht nur wegen seines Namens. Das nicht so rosige Rosental gleich hinter dem Haus meiner Großeltern kennen wir inzwischen auch schon und dann gibt es da noch Gegenden wie das Lavanttal, das Gurktal oder eben das Jauntal im äußersten Südosten. Und das sehe ich jetzt zum ersten Mal so richtig.

Wir beginnen unseren Ausflug in der größten ... nun ja, Stadt wäre übertrieben ... Siedlung des Tals in Bleiburg/Pliberk. Dort findet heute der Kulturtag der *Europeada* statt. Das ist das Fußballturnier der europäischen Minderheiten, das zeitgleich mit der Diversity Week gerade in Koroška stattfindet. Und für mich als ausgesprochener Fußballmuffel ist es einigermaßen überraschend, dass mich dieser Kulturtag gar nicht mal so langweilt! In einem Zelt am hübschen Hauptplatz Pliberks sitzen die Mannschaften in ihren Trikots, während sich auf der Bühne der Reihe nach die jeweiligen Minderheiten vorstellen. Einige tun das mit eher langweiligen Präsentationen, während andere Shows aufziehen, die beim Eurovision Songcontest nicht fehl am Platz wären. Die Teams der Kärntner Slowenen, Südtiroler und Ungarn aus Rumänien sitzen auch jetzt um zehn Uhr morgens schon beim ersten Bier ... oder auch beim dritten, ich wage es nicht zu beurteilen.

Am Nachmittag geht es dann über kurvige Bergstraßen zum

Peršmanhof hoch in die Berge Südkärntens. Die Szenerie ist herrlich, aber wegen der schönen Umgebung fahren wir natürlich nicht dorthin. Wir besuchen den Hof, weil sich dort eine Tragödie der Kärntner Landesgeschichte abgespielt hat. Im Zweiten Weltkrieg diente der Peršmanhof als Rückzugsort der Partisanenverbände, die hier Widerstand gegen die Nazi-Herrschaft leisteten. Ende April – also nur wenige Tage vor Ende des Krieges – geschah es dann. Mitglieder der SS fuhren am Hof vor und zückten ihre Waffen. Sie ermordeten fast die gesamte hier lebende Familie kaltblütig. Am Ende steckten sie den Hof auch noch in Brand, um wirklich alles und jeden hier zu vernichten. Die ganze erschütternde Geschichte erzählt uns unser Gastgeber in einer ausführlichen Führung durch den Hof. Den Abschluss bildet dann ein Videointerview mit einem der wenigen Überlebenden des Massakers. Es ist erschütternd. Der alte Mann spricht da über seine Erinnerungen und zeigt, den Tränen nahe, in welchem Teil des Hauses welcher seiner Verwandten erschossen worden ist ...

Noch erschütternder ist aber vielleicht der größere Kontext. In Kärnten gab es keinerlei ernsthafte Aufarbeitung dieser und ähnlicher Ereignisse und in Teilen der deutschkärntner Bevölkerung gelten die Partisanen und Partisaninnen von damals noch heute als die eigentlichen Verbrecher. Eine unfassbar radikale Täter-Opfer-Umkehr. Wie viel selbstgebrannten Schnaps man sich generationenlang hinter die Binde gießen muss, um diesen Realitätsverlust zu erleiden, ist mir ein Mysterium. Da habe ich die Busfahrt über die Serpentinen also überstanden, nur dass sich mir jetzt der Magen umdreht. Ach, da ist er ja wieder: Der alte Hass auf die Heimat.

Damit nähert sich das Diversity Festival dann auch langsam dem Ende. Den letzten Tag verbringen wir beim Finale der Europeada in Klagenfurt/Celovec. Es spielt Koroška gegen Südtirol, aber die Spannung hält sich allgemein eher in Grenzen. Denn wie ich gelernt habe, ist eine Grundregel der Europeada: 22 Leute jagen 90 Minuten lang einem Ball nach, und am Ende gewinnen immer die Südtiroler. So ist es auch dieses Mal. Das habe ich zumindest gehört. Ich und ein paar andere aus der Gruppe schauen uns das Spiel nämlich nicht an und gehen stattdessen Bier trinken. Es ist zu heiß und es ist – Minderheiten hin oder her – immer noch Fußball. Und damit geht eine intensive Woche dann auch zu Ende. Ich fahre im Anschluss allerdings nicht gleich nach Wien, sondern nach Ratenče, um mir ein paar Tage Erholung, Schlaf und zur Abwechslung kein Bier zu gönnen. Die Berge hinter dem Haus sind ziemlich sicher dieselben, die es immer schon waren. Aber doch fühlt sich die Heimat gerade wieder ein wenig anders an.

Und so haben sie sich assimiliert

Die Heimat also. Ich kann mich glaube ich nicht mehr vor diesem großen Wort verstecken. Es ist zwar schön und gut, quer durch den Kontinent zu reisen und mit Menschen zu reden. Aber doch stand am Ende jeder Fahrt dieselbe Erkenntnis: Sie warfen mehr Fragen auf, als sie beantworteten. Wobei das so auch nicht ganz richtig ist. Eigentlich spitzten sie jene mir nur allzu bekannte Frage zu, die mich ursprünglich auf diese Reisen geschickt hatte. Die Frage danach, wie ich in all das reinpasse. Und so stehe ich nun hier – am Ende meiner Reisen – auf der Terrasse des Hauses meiner Großeltern und blicke auf die Karawanken vor mir. Diese Bergkette, die heute eine so sture Grenze zwischen dem „deutschen" Kärnten und dem „slawischen" Slowenien bildet. Und ich denke mir: Wie merkwürdig die Geschichte doch manchmal spielt.

Eigentlich war es doch gerade hier im heute so deutschen Kärnten, dass die slawische Geschichte eine ihrer ersten großen Gesellschaften hervorbrachte! Dafür müssen wir erneut zurück in die Zeit der Völkerwanderung reisen. Bis zu jener Zeit war das heutige Kärnten schon bei allen Klassikern der europäischen Antike am Start gewesen. Keltische Stämme hatten hier gesiedelt, gefolgt von der Eingliederung in das Römische Imperium. So richtig Bewegung kam in die Sache aber schließlich ab dem 5. Jahrhundert. Da zogen in kürzesten Abständen unterschiedlichste, meist germanische Stämme durch das Gebiet – von Goten bis Langobarden – und beendeten dabei die römische Kontrolle über das Land. Sie ließen sich aber doch nicht dauerhaft hier nieder. Zu attraktiv war wohl das römisch-italienische Kernland nur wenige Tagesreisen weiter.

Auf diese germanische Massenmigration folgte wiederum

kurz darauf das Reitervolk der Awaren. Auch von ihnen ist in Österreich nicht viel übrig geblieben. Diese asiatisch-stämmigen Awaren besaßen wohl nur eine überschaubare kriegerische Oberschicht und kein breiteres Fußvolk. Eine Sache, die sie durchaus mit anderen Gruppen aus den asiatischen Steppen teilten. Etwa mit den Hunnen oder später den Mongolen. Die einzige große Ausnahme sind hier eigentlich die Ungarn, die es trotz ursprünglich kleiner nomadischer Oberschicht geschafft haben, Menschen in Mitteleuropa zu ihrer völlig unnötig komplexen Sprache zu konvertieren … Aber ich schweife ab. Zurück zu den Awaren!

Da muss man erst mal feststellen: Der Mangel an Fußvolk war für sie nicht unbedingt ein Nachteil. Sie benötigten es gar nicht, als sie in das Gebiet des heutigen Österreichs kamen. Denn die Bewirtschaftung ihrer neuen Besitztümer hatten sie praktischerweise an andere ausgelagert – an Slawen und Slawinnen aus Osteuropa. Diese kuriose Zusammenarbeit fand dabei nicht nur im späteren Koroška statt, sie geschah in fast allen slawischen Siedlungsgebieten in Europa. Die Urheimat der Slawen lag zu jener Zeit noch deutlich weiter östlich, im heutigen Grenzgebiet zwischen der Ukraine, Belarus und Polen. Mit dem Auftauchen der Awaren im 6. Jahrhundert witterten dort viele offensichtlich eine Chance, neue fruchtbare Gegenden zu besiedeln. Die Details des folgenden Deals kennen wir leider nicht. Aber eines ist sicher: Beinahe überall, wo die Awaren in Mitteleuropa in Zukunft ankamen, ließen sich in ihrem Gefolge auch slawische Menschen nieder und bewirtschafteten das Land. So sehen wir im Zuge der awarischen Expansion auch gleichzeitig eine enorme Ausbreitung der slawischen Sprache auf dem europäischen Kontinent. Im Norden zogen sie wie gehört bis an Elbe und Saale, im Süden bis weit ins Oströmische

Reich auf die Balkanhalbinsel und dazwischen bis nach Böhmen und das heutige Österreich. Und genau dort würden sich kurz darauf auch die ersten slawischen „Staaten" gründen.

Dieses bedeutungsschwangere Wort *Staat* ist hier allerdings mit gutem Recht in Anführungszeichen gesetzt. Sonderlich konsolidiert waren all diese Gebilde nicht und von klaren Grenzen konnte schon mal überhaupt keine Rede sein. Vielmehr sprechen wir in dieser Zeit von lose zusammenhängenden Verbänden, in denen sich lokale Führungsschichten immer wieder anderen unterwarfen, gleichzeitig aber weitgehenden politischen Spielraum behielten und sich im Zweifel auch schnell wieder unabhängig machen konnten.

Im 7. Jahrhundert taucht in den Quellen erstmals ein solches Gebilde auf und das war gleich ein besonders kurioses – das Samo Reich. Nun ... man kann in der Hinsicht wirklich nicht vorsichtig genug sein. Was wir über dieses angebliche Reich wissen, stammt im Großen und Ganzen aus einer einzigen Quelle – der Fredegar-Chronik aus dem Frankenreich. Sie entstand kurz nach den erzählten Ereignissen und beschreibt in einer ihrer Geschichten, wie sich ein fränkischer Kaufmann namens Samo auf den Weg in Richtung Osten machte, um dort Geschäfte zu tätigen.

Er kam in den 620er-Jahren im Gebiet der Awaren an – wohl irgendwo im heutigen Dreiländereck zwischen Tschechien, der Slowakei und Österreich. Leider musste er dort aber feststellen: Von Handel konnte gar keine Rede sein! Er geriet stattdessen mitten in einen slawischen Aufstand gegen die awarischen Oberherrscher! Was sollte er nur tun? Nun: Der gute Samo war offensichtlich ein Freund unterdrückter Völker und schlug sich mit seiner schwer bewaffneten Entourage sofort auf die Seite der Aufständischen. Gemeinsam besiegten sie die

Awaren und zwangen sie zum Rückzug. Die slawischen Fürsten der zwölf lokalen Stämme zeigten sich entsprechend erkenntlich – so möchte uns Fredegar in seiner Chronik zumindest weismachen. Sie ernannten Samo kurzerhand zu ihrem König und nicht nur das: Sie gaben ihm auch jeweils eine Frau zur Ehe.

Man muss keinen Doktortitel in der Mediävistik mitbringen, um den einen oder anderen Zweifel an dieser Geschichte zu haben. Irgendwie klingt das doch etwas zu gut, um wahr zu sein, und da hilft es überhaupt nicht, dass das alles auch noch aus einer einzigen Quelle stammt. Der gute Fredegar hätte uns hier auch wirklich alles erzählen können! Letztendlich ist es aber auch nicht so wichtig, ob es diesen sagenumwobenen Samo und seine zwölf Frauen wirklich gegeben hat oder nicht. Denn die Geschichte um ihn zeigt in Wahrheit nur einen größeren Trend auf: In dieser Zeit rumorte es generell in den slawischen Gesellschaften in jener Gegend Europas und nur wenige Jahre darauf wurden sie in unmittelbarer Nähe erneut greifbar. Wie sollte es anders sein: Es war natürlich im heutigen Koroška.

Auch dort siedelten Slawen und Slawinnen zumindest seit Ende des 6. Jahrhunderts und nachdem kurz nach ihrer Ansiedlung die Oberherrschaft der Awaren schon wieder nachließ, entstand um das Jahr 600 ein neues slawisches Fürstentum in dem Gebiet.[35] Es ging unter dem Namen Karantanien in die Geschichte ein, beschränkte sich dabei aber keineswegs auf das heutige Gebiet Kärntens. Ganz und gar nicht! Dieses Fürstentum erstreckte sich im Osten bis an die Grenzen des Awaren-

---

[35] Die zeitliche Angabe ist wieder mal mit großer Vorsicht zu genießen. Aber lass dich ohnehin nicht von Jahreszahlen abhalten. Raus aus den Fußnoten, weiter mit der Geschichte!

reiches in der heutigen Steiermark und im Norden sogar bis an die Donau. Ansonsten kann man über diese frühe Phase Karantaniens aber wenig Belastbares sagen. In den zuverlässigen Quellen taucht dieser Staat erst etwa hundert Jahre später zur Mitte des 8. Jahrhunderts auf. Da hatte sich die Lage offenbar schon wieder drastisch verschlechtert. Denn nun wandte sich ein gewisser Borut, seines Zeichens Fürst von Karantanien, an die Baiern. Er tat dies offenbar in großer Verzweiflung, um Hilfe gegen die wiedererstarkten Awaren zu erbitten. Die Beziehung zu den ehemaligen Chefs war seit der Ansiedlung offenbar doch deutlich bergab gegangen und nun sah Borut keinen Ausweg mehr, als sich Unterstützung aus dem Westen zu holen. Dabei hatte er offenbar einen guten Riecher! Die Hilfe wurde sogleich gewährt. Aber sie kam doch mit einem gewaltigen Haken: Karantanien musste die bairische und damit indirekt fränkische Oberhoheit anerkennen und obendrein sofort zum Christentum übertreten.

Gesagt, getan. Im 8. Jahrhundert begann somit über das bairische Bistum Salzburg die Missionstätigkeit in Richtung Süden. Und damit trat Karantanien – bald schon im Deutschen als Kärnten bezeichnet – in die klassisch-mittelalterliche Geschichte Europas ein und wurde zu einem normalen Fürstentum am östlichen Rand des Frankenreichs. Nun ... fast zumindest. Denn es gab da nach wie vor einen gigantischen Unterschied zu den anderen fränkischen Fürstentümern: Die lokale Führungsschicht sprach in Karantanien noch immer Slawisch und nicht Deutsch! Noch ... Denn nach Disputen zwischen den Baiern und Karl dem Großen wird Kärnten bereits um das Jahr 800 direkt ins Fränkische Reich eingegliedert. Und spätestens das ist der Moment, in dem auch die Herrschaft der slawischen Fürsten ihr Ende findet. Will man ganz zynisch sein

– und das will ich immer – könnte man auch sagen: Damit beginnt die Germanisierung Kärntens, die heute im 21. Jahrhundert kurz vor ihrem Abschluss zu sein scheint.[36]

Die Folgezeit sah eine stetige „Frankisierung" und damit Germanisierung Kärntens. Das Land wurde erst von einem fränkischen Markgrafen aus dem Westen regiert, bevor es zu einem eigenständigen – deutsch geprägten – Herzogtum wurde. Diese gesamte Zeit über zogen bereits mehr und mehr Deutschsprachige in das Land, bis im Hochmittelalter mit der Ostsiedlung schließlich alle Dämme brachen. Die deutsche Ansiedlung sah in Kärnten ganz ähnlich aus wie auch überall sonst in Osteuropa. Die deutschen Neuankömmlinge machten sich zuerst – angeregt durch Vorteile und Landbesitz – im Roden von Waldgebieten und dem Urbarmachen anderer schwer zugänglicher Regionen für ihre Herren nützlich. Hochtäler und Sümpfe waren in Kärnten von besonderer Bedeutung. Wie auch im heute polnischen oder baltischen Gebiet kam es anfangs somit zu keiner direkten Assimilation der slawischen Bevölkerung Kärntens. Stattdessen blieben ihre Strukturen erhalten, insbesondere in den ländlichen Regionen, während die Deutschen neue Dörfer und vor allem Städte besiedelten.

Im Verlauf des späteren Mittelalters entstand somit eine grobe Sprachgrenze. Der Norden und insbesondere Nordwesten Kärntens war inzwischen stark deutsch geprägt – der Süden blieb großteils slawisch. Diese Aufteilung würde sich in dieser Form noch über lange Zeit hinweg halten. Selbst in der

---

36 Die Jugendorganisation der FPÖ in Kärnten warb trotzdem noch im Jahr 2023 allen Ernstes mit dem Slogan „Slowenisierung Kärntens stoppen" für die Landtagswahl. Man würde eigentlich glauben, die Rechten wüssten mehr über Geschichte, wo sie doch sonst das „christlich-jüdische Abendland" so peinlich hochhalten.

Habsburgermonarchie des 19. Jahrhunderts sah die Verteilung noch auffallend ähnlich aus. Auch in dieser Zeit sprach noch etwa ein Drittel der Gesamtbevölkerung des Kronlands Kärnten Slawisch, was nun im 19. Jahrhundert zunehmend Slowenisch genannt wurde. Zwei Drittel sprachen Deutsch als Erst- und meist einzige Sprache.

Doch tritt in dieser Zeit ein alter Freund aus diesem Buch in besonders fieser Gestalt zutage: Der Nationalismus. Dem allgemeinen Trend folgend, begriffen sich Kärntnerinnen und Kärntner auf beiden Seiten nun zunehmend als Mitglieder einer Nation. Erst war das noch auf elitäre Kreise in der Intelligenzija beschränkt, dann wanderte das neue Verständnis in die Politik, die Medien und schließlich bis in die Allgemeinbevölkerung. Die slawischen Untertanen Koroškas wurde zu Slowenen und Sloweninnen, die Deutschsprechenden wurden eben zu Deutschen[37] und das Zusammenleben in Kärnten änderte sich damit innerhalb kürzester Zeit drastisch. Es ging am Ende des 19. und Anfang des 20. Jahrhunderts nicht mehr um unterschiedliche Sprachgruppen. Es ging um einen Kampf der Völker, zumindest war das in den Köpfen vieler so.

Aufseiten der Deutschsprechenden war dieser Prozess zu guten Teilen auch staatlich gestützt. Die österreichische Reichshälfte der Habsburgermonarchie war zwar offiziell ein Vielvölkerstaat, trotzdem genoss die deutsche Sprache eine deutlich privilegierte Stellung. Immerhin war sie die bevorzugte Sprache des Kaisers und auch Kommandosprache im Heer. Das

---

37 Im Kontext der Monarchie hatte diese Bezeichnung eine andere Bedeutung als heute. Ich meine damit jedenfalls nicht den Kai-Uwe aus Holzminden, der um 7 Uhr 30 morgens mit dem Handtuch bewaffnet loszieht und den besten Platz im Faaker Schwimmbad besetzt.

Slowenische konnte auf keine derartigen Strukturen aufbauen, auch wenn es sowohl im Kronland Kärnten als auch im südlich gelegenen Krain als Landessprache anerkannt war. Es war zwar keineswegs so, als hätte es nicht schon lange davor eine starke slowenische Schrifttradition gegeben. Diese existierte durchaus und das schon seit den Zeiten der Reformation – ein weiterer kleiner Trend in diesem Buch. Mit Primož Trubar gab es im 16. Jahrhundert sogar einen waschechten slowenischsprechenden Reformator! Aber doch war das Deutsche in der Monarchie seit Langem die beherrschende Sprache. Slowenisch war in weiten Teilen zu einer Sprache der Dörfer und der bäuerlichen Gesellschaft geworden und erneut war die Katholische Kirche die einzig nennenswerte Institution, die die slowenische Kultur aktiv förderte.

Dieses System der Monarchie endete aber wie nun häufiger angesprochen mit der Niederlage des Habsburgerreichs und dessen Zerfall nach dem Ersten Weltkrieg. Im Burgenland haben wir gesehen, dass das neue Österreich teils sogar Nutznießer der nun folgenden Grenzveränderungen war. Aber das war doch die klare Ausnahme. An allen anderen Fronten verlor der ehemals österreichische Teil der Monarchie nach Kriegsende Gebiete an Nachbarländer oder an ganz neue Staaten. Im Süden war das vor allem das Königreich der Serben, Kroaten und Slowenen – kurz im serbokroatischen Kürzel SHS genannt.[38]

---

38 Das steht für „Kraljevina Srba, Hrvata i Slovenaca", beziehungsweise auf Slowenisch „Kraljevina Srbov, Hrvatov in Slovencev". Zum Glück muss man sich das aber nicht lange merken. Auch damals wurde dieser Staat von den meisten schon als Jugoslawien bezeichnet, also werden auch wir das so handhaben.

Neben den von den Siegermächten versprochenen Gebieten im heutigen Slowenien besetzten jugoslawische Truppen nach Ende des Weltkriegs nun aber auch Teile Kärntens. Das führte in den folgenden eineinhalb Jahren zu wiederholten militärischen Auseinandersetzungen, die in der deutschsprachigen Kärntner Bevölkerung bis heute als „Abwehrkampf" stilisiert und hochgehalten werden. In Wirklichkeit war es eher eine Serie kleiner Scharmützel und irregulärer Kämpfe. Zu schwach waren die beiden Seiten militärisch, um hier einen klaren Sieg zu erringen. Somit stand am Ende auch kein solcher, sondern eine von den Siegermächten des Weltkriegs erlassene Volksabstimmung.

Im Herbst 1920 sollte erst in einer Zone im südöstlichen Koroška über die Zugehörigkeit des Gebiets zu Jugoslawien oder Österreich abgestimmt werden. Im Fall eines Ausgangs für den Anschluss an Jugoslawien war noch eine zweite Abstimmung weiter nördlich vorgesehen, die auch die Landeshauptstadt Klagenfurt/Celovec beinhaltet hätte. So weit kam es letztendlich aber nicht. In der Abstimmung in Zone A sprachen sich fast sechzig Prozent der Menschen für einen Anschluss an Österreich aus.[39] Die Gründe dafür waren in diesem zu zwei Dritteln slowenischsprachigen Gebiet sicher vielschichtig. Einerseits spielte Celovec als wirtschaftliches Zentrum eine bedeutsame Rolle. Andererseits gab es auch sicherlich Sympathien für die republikanische Staatsform in Österreich

---

39 Zu dieser Zone zählte übrigens auch Ratenče. Das vier Kilometer weiter westlich gelegene Finkenstein/Bekštanj war dagegen in keiner der beiden Abstimmungszonen und wäre in jedem Fall zu Österreich gekommen. Heute erinnert eine Tafel am Straßenrand an die ehemalige Zonengrenze. Sie spricht in großen Worten von Völkerverständigung und Vergebung – ausschließlich auf Deutsch versteht sich.

im Gegensatz zur serbisch dominierten Monarchie in Jugoslawien. Letztendlich wurde aber von deutscher Seite auch verdammt viel versprochen! Die Umsetzung moderner Minderheitenrechte und Sicherstellung der Möglichkeit, weiterhin in der Öffentlichkeit Slowenisch zu sprechen und die Sprache an die Kinder weiterzugeben, etwa.

Diese Versprechen wurden in den Folgejahren zünftig mit den Füßen getreten. Von ernsthaften Bemühungen um eine funktionierende Zweisprachigkeit kann im Kärnten der Zwischenkriegszeit eigentlich keine Rede sein. Von deutschnationaler Seite wurde stattdessen sofort nach der Volksabstimmung aktiv gegen die slowenische Minderheit vorgegangen. Das scheint ohnehin ein anhaltendes Trauma in gewissen Teilen der Kärntner Bevölkerung zu sein und hat daher sogar einen Namen: Die Kärntner Urangst – die deutsch-kärntner Angst vor einer „slawischen Unterwanderung der Heimat". Diese Angst existierte in gewisser Form auch schon im 19. Jahrhundert, doch im „Abwehrkampf" nahm sie in deutschnationalen Kreisen eine ganz neue Qualität an. Das sollte man im Hinterkopf behalten bei all dem, was noch folgt. Denn auch heute ist diese Urangst in den Köpfen vieler alles andere als erloschen, selbst wenn von den paar Tausend Slowenen und Sloweninnen in Südkärnten wohl kaum eine „Slowenisierung Kärntens" zu erwarten ist.

An innovativen Ideen, mit dieser gar furchtbaren Angst umzugehen, mangelte es dagegen auch in der Zwischenkriegszeit schon nicht. Die erfolgreichste dieser Ideen kam vom deutschnationalen Historiker Martin Wutte. Der erfand 1927 kurzerhand die Windischentheorie, um die allgemeine Panik in deutschen Köpfen zu lindern. So möchte ich zumindest wohlwollend annehmen. Das Resultat seiner Theorien war aber freilich eine offene Attacke auf alle slowenischen Kärntnerinnen und Kärntner. Er teilte diese kurzerhand in zwei Lager. Laut Wutte – und freilich ohne jegliches Fundament in der Realität – gab es die Slowenen als Einheit in Kärnten nämlich gar nicht. Vielmehr gab es einerseits nationale Slowenen, die dem österreichischen Staat aus Prinzip feindlich gegenüberstanden. Andererseits gab es aber die sogenannten Windischen. Die waren zwar ebenfalls slawischsprachig, aber von Natur aus pro-deutsch eingestellt. Das alles war – man kann es nicht stark genug betonen – frei erfunden und fällt eigentlich in die Kategorie nationalistischer Fan Fiction. Und doch hält sich die Idee bis heute.[40]

Vor allem verfehlte die Theorie ihre beabsichtigte Wirkung nicht. Die Minderheitengesellschaft wurde auch als Folge dieser Ideen nachhaltig gespalten. Für viele Slowenischsprechende war die Idee des „Windischen" ein durchaus attraktives Angebot. Es bot eine Möglichkeit, der schmerzhaften Politik der Assimilation in Kärnten zu entkommen. Viele definierten sich daher über die Jahrzehnte hinweg selbst als Windische, um Anfeindungen im Alltag zu entgehen. Sie hörten dann meist auch auf, in der Öffentlichkeit Slowenisch zu sprechen, und viele taten das auch mit den eigenen Kindern nicht mehr. Ein bis zwei Generationen später waren sie dann allesamt Deutsche. Denn Windisch ... das ist eine Durchgangsstation. Niemand bleibt lange ein Windischer und das war von Martin Wutte auch durchaus so konzipiert.

---

40 Der Begriff *Windisch* ist historisch dagegen durchaus belegt. Er ist eine alte deutsche Bezeichnung für Slawischsprechende und wir finden ihn auch im Wort *Wenden* wieder – eine alternative Bezeichnung für Sorben und Sorbinnen in der Niederlausitz. Dank der Bemühungen Herrn Wuttes ist *windisch* in Kärnten heute aber abzulehnen.

Aber es half leider alles nichts. Die Urangst der armen, armen deutschen Mehrheitsbevölkerung wollte einfach nicht verfliegen und so ging es im 20. Jahrhundert immer nur weiter hinab im Strudel des Hasses. Nur ... was könnte für Mitglieder einer nationalen Minderheit denn noch schlimmer sein als ein Alltag in einer deutschnationalen und zunehmend rechtsradikalen Kultur? Wie wäre zum Beispiel ein Alltag im angeblichen tausendjährigen Reich?

Nach dem „Anschluss" Österreichs an das Deutsche Reich 1938 erreichte die Atmosphäre in Kärnten einen nie dagewesenen Tiefpunkt. Wie auch im Burgenland oder etwas früher in der Lausitz wurde es bald schon so gut wie unmöglich, in der Öffentlichkeit Slowenisch zu sprechen, ohne sich in akute Gefahr zu begeben. In vielerlei Hinsicht war die Lage in Kärnten sogar noch schlimmer als etwa im Burgenland. Dort gab es mit dem hitlertreuen Marionettenregime in Kroatien zumindest noch irgendeine Form von Fürsprechern für die Minderheit. Die Slowenen und Sloweninnen Kärntens konnten sich auf nichts dergleichen stützen und so folgten für sie im Frühjahr 1942 sogar Deportationen in deutsche Arbeitslager. Um die eintausend Menschen wurden in diesem Frühling von ihren Höfen und Häusern in Koroška entführt und in solche Lager in Deutschland verfrachtet, wo sie bis Kriegsende bleiben würden. Ihre Höfe gingen infolge an Deutschsprachige, meist aus dem norditalienischen Kanaltal.

Eine Antwort auf diese enormen Repressionen habe ich in diesem Buch schon angesprochen und wir haben sie auch während des Ausflugs zum Peršmanhof in den Kärntner Bergen kennengelernt. Einige Kärntner Slowenen und Sloweninnen schlossen sich infolge dem Partisanenwiderstand an und gingen in die Wälder. Anfangs war das kaum mehr als ein Akt der puren Verzweiflung. Doch mit der Zeit wurden diese Einheiten immer mehr in die größere Partisanenbewegung Jugoslawiens einbezogen und ihre Schlagkraft wurde dadurch größer. Vonseiten der Nationalsozialisten wurde dieser Widerstand und alle ihn Unterstützenden – wie wir gesehen haben – mit äußerster Radikalität und Fanatismus verfolgt. Wie sonst kann man einen Angriff wie den auf den Peršmanhof so kurz vor Kriegsende erklären?

Dennoch stand die Widerstandsbewegung am Ende auf der Siegerseite des Krieges. Auf diesen unwahrscheinlichen Sieg im Partisanenkampf stützte sich nicht zuletzt die Herrschaft Titos im neuen sozialistischen Jugoslawien auf der anderen Seite der Karawanken. Aber für Kärnten galt all das freilich überhaupt nicht. Hier wurden die Grenzen der Vorkriegszeit wieder hergestellt und die an und für sich siegreichen Partisanen und Partisaninnen unter der kärntner-slowenischen Bevölkerung konnten sich schon nach kürzester Zeit keineswegs mehr in der Siegerrolle fühlen. Es muss sich für sie sogar sehr bald wie eine bittere Niederlage angefühlt haben. Der Nazi-Staat war zwar Geschichte, aber die alten deutschnationalen Politiker und Scharfmacher krochen ganz schnell wieder aus ihren Löchern hervor. Eigentlich waren sie ja auch nie weg gewesen. Der Unterschied nach 1945 war nur der, dass man diese Leute nun auf keinen Fall mehr Nazis nennen durfte – egal was sie vor 1945 getan hatten. Immerhin hielten viele von ihnen inzwischen ein Parteibuch der Sozialdemokraten in der Hand.

Der Minderheit gegenüber war diese neu-alte deutsch-kärntner Elite jedenfalls genauso feindlich gesinnt wie zuvor. Die meisten von ihnen sahen den Partisanenwiderstand als nichts Geringeres als Hochverrat an. Es half dementsprechend auch nicht übermäßig, dass der offizielle Minderheitenschutz in

Österreich in der Zweiten Republik erstmals halbwegs ernst genommen wurde. Vor Ort in Kärnten konnte sich die Lage aufgrund der anhaltenden Animositäten nur sehr bedingt verbessern und die Minderheitsbestimmungen des Staatsvertrags wurden wie im Burgenland auch in Kärnten nicht umgesetzt.

In den Siebzigerjahren sollte sich das aber ändern. Endlich unternahm die österreichische Politik einen ernsthaften Versuch, zumindest einen Teil der Bestimmungen umzusetzen. In Kärnten wurden zweisprachige Ortstafeln aufgestellt. Die Antwort darauf war nichts weniger als ein rechtsradikaler Aufstand. Im sogenannten Ortstafelsturm von 1972 zogen ganze Konvois – insgesamt wohl über eintausend Autos – von Deutschnationalen durch das zweisprachige Gebiet Südkärntens und entfernten die kurz davor errichteten Tafeln mit Gewalt wieder. Und das war auch nur der sichtbarste Teil des Aufstands. In diesen Tagen herrschte vielerorts offener Terror gegen die slowenische Bevölkerung Kärntens. Sie wurde in mehreren Fällen gezielt eingeschüchtert und an einem Hof erhängte der rechtsradikale Mob[41] sogar das Pferd einer Bauernfamilie. Die gewaltsam entfernten Tafeln wurden danach nicht mehr aufgestellt und nach diesen Ereignissen wurde jahrzehntelang generell kaum noch über Minderheitenrechte gesprochen. Die Nazis haben in den Siebzigerjahren spät, aber doch gewonnen.[42]

Heute gilt zwar ein „Kompromiss" und es stehen in Kärnten etwas über 160 zweisprachige Ortstafeln. In den Siebzigerjahren waren allerdings noch knapp über 200 geplant gewesen. Legt man die Bevölkerungszahlen zum Zeitpunkt der Staatsvertragsunterzeichnung zugrunde, müsste die Zahl wohl eher

---

41 Denn ich wiederhole: Nazi sagt man nicht mehr.
42 Ups.

in Richtung 800 gehen. Diese Zahlen sind aber gar nicht so sehr das Problem. Auch die Ortstafeln an und für sich stehen nur stellvertretend für die viel größeren Probleme in der Umsetzung des Minderheitenrechts in Kärnten. Bezeichnend ist zum Beispiel, mit wem genau dieser „Kompromiss" vor etwas über zehn Jahren eigentlich geschlossen werden musste. Als Gegenpart zu den slowenischen Vereinen setzte die Kärntner Regierung nämlich ausgerechnet den Kärntner Heimatdienst an den Verhandlungstisch. Ein deutschnationaler Verein ohne jegliche offizielle Funktion in der Republik Österreich.

Beispiele für die vielen Probleme im Kärnten von heute ließen sich noch fast endlos fortsetzen. Eine Freundin hat mir etwa erzählt, wie es ihr ergangen ist, als sie eine Demonstration auf Slowenisch bei ihrer örtlichen Behörde anmelden wollte – in einer offiziell zweisprachigen Gemeinde. Sie hat daraufhin einen schwer genervten Anruf einer Beamtin erhalten, die sie gebeten hat: „Ma kennen's den Ontrog net auf deitsch einreichen? I was jo eh, doss Sie deitsch kennen." Und auch solche unangenehmen Erfahrungen sind leider fast schon als Fortschritt zu bewerten, wenn man an die ganz offenen Anfeindungen denkt, wie im Umkreis des langjährigen Landeshauptmanns Jörg Haider noch vorherrschten. Dieser sagte die Umsetzung von zweisprachigen Ortstafeln Anfang der 2000er-Jahre einmal kurzerhand mit der Aussage ab: „Wir müssen Rücksicht auf die Mehrheit nehmen." Das nenne ich doch mal ein Verständnis von Minderheitenrechten!

Im Schatten dessen entwickelt sich die Zahl der Slowenischsprechenden in Kärnten Jahr für Jahr zurück. Es ist dann wohl wenig überraschend, dass ich zeit meines Lebens als Kind und Jugendlicher dort kaum etwas von diesem slowenischen Koroška mitbekommen habe. Es war schließlich Haider

Prime-Time! Man sprach nicht über das Thema, zumindest in meinem Umfeld und in der Stadt Villach nicht. Und doch hätte mit Blick auf diese Geschichte alles so anders kommen können. Ist es denn wirklich so schwer vorstellbar, wie in einer parallelen Realität das Dorf meiner Großeltern noch heute von allen Ratenče genannt wird und auf der Straße Slowenisch zu hören ist? Was hätte es dafür denn gebraucht? Letzten Endes nur eine andere Serie kleiner Entscheidungen von den Menschen in Koroška über die letzten hundert Jahre hinweg. Und ein allgemeines Bewusstsein, dass Zweisprachigkeit eine gute Sache sei – was sie ja ganz offensichtlich auch ist.

Leider sind wir von dieser alternativen Realität heute noch meilenweit entfernt. Stattdessen setzen wir im 21. Jahrhundert deutschnationale Vereine an die Verhandlungstische. Eine Teilnehmerin des Diversity Festivals in Dobrla Vas fasste diese beschämende Geschichte und ihre Folgen für die slowenische Kultur in Kärnten treffender zusammen als ich es jemals könnte: „Und so haben sie sich assimiliert. Tadaa!"

Was bleibt am Ende der Reise?

Ich stehe immer noch gebannt auf der Terrasse unseres Hauses und starre auf die Karawanken vor mir. Was wollen mir die Erfahrungen des letzten Jahres denn sagen? Die Geschichte Kärntens ist mir heute so deutlich vor Augen wie noch nie. Meine Reisen zwischen den Grenzen Europas zeigen mir aber auch deutlich, dass Kärnten kein Einzelfall ist. Dass auch meine eigene Geschichte kein Einzelfall ist. Und dass der Grenzraum, in dem ich aufgewachsen bin, vieles mit anderen Grenzräumen in Europa teilt.

Den Geschichten Julians zu lauschen, hat mich auf so viele Arten bewegt. In Kärnten haben wir keine Braunkohlegruben wie in der Lausitz. Wir hatten auch keinen Sozialismus. Dennoch erinnert mich die Lausitz in vielfacher Hinsicht an daheim. Als wir mit Julian in Ralbice in der Kirche gesessen sind und über die Bedeutung des Katholizismus für Sorben und Sorbinnen gesprochen haben ... Das ist in Koroška nicht anders! Nur werde ich als nichtgläubiger Mensch alleinig auf Beerdigungen meiner Verwandten daran erinnert – wenn der Pfarrer zwischendurch mal ein Lied auf Slowenisch anstimmt oder ein *oče naš* betet. Julians Besessenheit mit zweisprachigen Aufschriften führte mich sowieso sofort zurück nach Kärnten. Im Laufe der Monate kam ich da aber noch zu einer anderen Realisation: Hätte ich als Jugendlicher auch so blind vor mich hinleben können, hätte Beljak eine zweisprachige Ortstafel gehabt? Ich denke doch nicht. Denn Julian hat recht: Sichtbarkeit macht einen Unterschied!

Und hätte mir nicht auch die Geschichte der Siebenbürger Sachsen und Sächsinnen schon viel früher etwas sagen können? Inzwischen bin ich seit so vielen Jahren mit Menschen von dort im Austausch ... Wie ist mir vorher noch nie in den Sinn gekommen, dass die Geschichte der Deutschsprechenden in Siebenbürgen vielleicht Ähnlichkeiten mit denen in meiner Heimat haben könnte? Würde es nicht ganz Europa guttun, wenn wir uns all dieser Wanderbewegungen der Vergangenheit ein wenig bewusster würden? Nur durch sie entstand dieser Kontinent doch in der Form, wie wir ihn heute kennen. Und da spreche ich noch gar nicht von den Jenischen, den Roma und Romnija, den Sinti und Sintizze, die uns so deutlich zeigen, wie sehr Mobilität in der Geschichte die Norm und nicht die Ausnahme gewesen ist. Es sind doch wir Sesshaften, die diese grundlegende Tatsache der menschlichen Existenz vergessen und verdrängt haben. Wir haben die Grenzen und Nationen erfunden, in denen wir uns heute so kuschlig wohl fühlen und über deren Tellerränder wir so ungern blicken. Wir haben uns eingeredet, es wäre immer schon so gewesen, obwohl das nicht ferner der Realität sein könnte. Ethnisch reine Nationalstaaten sind eine durch und durch unnatürliche Idee und sind, wo man auch hinblickt, nur durch Gewalt und Unterdrückung erbaut worden. Durch Verfolgung, Vertreibung, Krieg und steter, unnachgiebiger Assimilation.

In Anbetracht dessen war eine meiner Grundannahmen zu Beginn meiner Reisen falsch. Eigentlich gibt es die Mehrheit und die Minderheit so gar nicht. Es gibt in Koroška nicht *die Deutschen* und *die Slowenen* und zwischen ihnen die tiefe Kluft des Nationalitätenkampfes. Es gibt dort nur Menschen, die aus verschiedenen Gründen die eine oder andere Sprache sprechen und – ganz wichtig – diese immer wieder mal wechseln. Nur dass dieser Wechsel in den letzten Jahrhunderten fast immer in Richtung des Deutschen stattgefunden hat. Da haben wir es auch schon wieder – dieses große Wort Assimilation. Aber ich habe das Gefühl, inzwischen doch etwas mit diesem Wort anfangen zu können. Ich bin letzten Endes doch ein Assimilierter in der post-assimilierten Gesellschaft Kärntens. Aus einem Land an der Grenze in einer Welt voller erfundener Grenzen. Und vielleicht ist es auch nur das, was mir am Ende meines Weges bleibt: Ein unbestimmbares Gefühl des Großwerdens in diesem Raum.

Diese Grenzen sind zwar anfangs nichts mehr als Linien auf einer Karte. Aus Linien auf Karten werden aber schnell Mauern in Köpfen – und in Kärnten spürt man diese Grenzen und Mauern an jeder Ecke. Es ist diese Monotonie und Horizontlosigkeit, die ich in so vielen Kärntnerinnen und Kärntnern schon als Jugendlicher wahrgenommen habe und die mich damals in die Ferne getrieben hat. All das eine Folge des angeblichen Kulturkampfes, der das Land seit über hundert Jahren verfolgt und alle Seiten in ihre jeweilige Ecke drängt. Am Ende meiner Reisen kann ich zumindest sagen: Ich kenne meine Ecke jetzt – und ich mag sie nicht!

Dabei kann ich noch von großem Glück sprechen. Ich habe das Glück, auf all das gestoßen worden zu sein. Ich habe das Glück, dass sich die fantastischen Menschen aus der burgenlandkroatischen Community vor Jahren ausgerechnet an mich gewendet haben: Einen damals in Oberbayern lebenden Kärntner, der mehr zufällig als geplant Kroatisch gesprochen hat. Ich habe das Glück, dass sie mir gezeigt haben, dass Kroatisch in Österreich mehr ist als nur eine Fremdsprache. Dass es da noch dieses andere, viel diversere und sympathischere Österreich unter der oft trostlosen Oberfläche gibt. Vor allem hatte ich im letzten Jahr aber das Glück, auf meinen Reisen solch großartigen Menschen zu begegnen, die allesamt bereit waren, ihre Welt und ihre Geschichten mit mir zu teilen.

Die Herausforderungen sind heute fast überall dieselben. Wo mich meine Reisen auch hingeführt haben, haben mir die Menschen von ihrem Kampf um Sichtbarkeit und Wertschätzung berichtet. Vom Kampf gegen den unnachgiebigen Assimilationsdruck dort an den Rändern der Nationalstaaten. Es ist daher an uns, zu erkennen, wie divers diese Welt wirklich ist. Wie sie überall von Reisen und Migration geprägt wurde, wie die so ewig erscheinenden Grenzen keine naturgegebenen Barrieren darstellen. Es ist an uns, diese Diversität nicht nur zu sehen und zu schätzen. Wir müssen auch für sie kämpfen. Uns auf die Seite derer stellen, die sich gegen den nationalen Schwitzkasten wehren. Um einen furchtbar abgedroschenen Kampfbegriff der Linken zu bemühen: Uns zu solidarisieren.

Tun wir das nicht, verlieren wir alle. Die gute Nachricht ist aber: Nichts von alledem war schon immer so. Die Grenzen von heute mussten allesamt erst erfunden werden, die Nationen um sie herum genauso. Und das bedeutet, dass auch nichts für immer so bleiben muss. Wie ich diese Zeilen schreibe, bin ich zehn Jahre nach meinem Abschluss wieder an der Universität Wien eingeschrieben und studiere Slawistik. Aber nicht so wie letztes Mal. Ich studiere dieses Mal keine Fremdsprache, sondern ich studiere Slowenisch. Und sollte es dafür nicht zu spät sein, werde ich stolz sein, sollte mich in Zukunft jemand in dieser Sprache in Ratenče oder Loče ansprechen. Denn vielleicht hat Julian mit dem Überspringen der Generation recht gehabt. Vielleicht ist Assimilation wirklich keine Einbahnstraße.

Der Autor

Ralf Grabuschnig ist Historiker, Autor und Podcaster. Er studierte Geschichtswissenschaft in Wien, Zagreb und Budapest und betreibt seit 2018 den Podcast Déjà-vu Geschichte. Bei all dem hat er ein großes Ziel: Er möchte zeigen, wie spannend und unterhaltsam Geschichte sein kann – und wie viel sie uns über unsere heutige Welt verrät.

Auf www.ralfgrabuschnig.com kann man mehr über ihn und seine Arbeit erfahren.

Weitere Bücher des Autors

Populismus leicht gemacht
Erfolgreich lernen von den großen Diktatoren der Geschichte
Taschenbuch, E-Book und Hörbuch, 2020

Gängelung der Medien, das Schüren eines Feindbildes, die Pflege des Ausnahmezustands ... All diese Dinge werden von den Populisten von heute verwendet und kommen direkt aus dem Handbuch, das ihnen die großen Diktatoren der Geschichte hinterlassen haben. Wir Demokraten müssen dieses Handbuch kennen. Genau deshalb hat Ralf Grabuschnig es niedergeschrieben.

Endstation Brexit
Taschenbuch und E-Book, 2018

Endstation Brexit ist ein Buch über englische Geschichte. Aber es ist nicht einfach irgendein Buch über die Geschichte dieser komischen Insel. Hier erzählt Ralf Grabuschnig mit einer gehörigen Portion Augenzwinkern aus 2000 Jahren englisch-europäischer Freundschaft und Rivalität – von Cäsar bis Cameron.